La ONG Carmelitana:
Incontrando la gente in piazza

Schema e Progettazione della copertina di William J. Harry. O. Carm.

Pubblicato da:
  Carmelite Media
  8501 Bailey Road
  Darien, Illinois 60561
  USA

Telefono: 1-630-971-0724
Email: publications@carmelitemedia.org
Website: carmelites.info/publications

Foto di copertina:
Tramonto, Colomba/Spirito Santo e mani legate di William J. Harry, O. Carm.
Marcia di giovani di Ted Quant

ISBN: 978-1-936742-09-7

Indice

Giorni di preghiera

•   •   •

Incontro di preghiera

•   •   •

Punti di vista

•   •   •

Riflessioni

•   •   •

Appendici

•   •   •

Prefazione

L'ONG carmelitana è stata fondata nel 2001 per far conoscere alla comunità globale le aspirazioni dei poveri e degli emarginati e farne sentire la voce. Attualmente le Nazioni Unite sono l'unica sede atta a tale scopo.

Sin dal suo ingresso alle Nazioni Unite l'ONG carmelitana è attiva in quegli ambiti dove i Carmelitani offrono la loro assistenza, cioè istruzione, libertà di credo, diritti umani (diritto al sostentamento e diritto alla sicurezza personale) e sviluppo sostenibile (cambiamenti climatici).

Istruzione: i Carmelitani appoggiano l'istruzione di maschi e femmine. Gli studenti devono avere gli strumenti necessari per far fronte alle esigenze di un mondo che velocemente diventa sempre più tecnologico e laico.

Libertà di credo: i Carmelitani condividono con Giudaismo ed Islam la tradizione relativa al profeta Elia. L'ONG carmelitana è stimata per la difesa dei poveri e per la chiarezza con cui tratta l'uso l'abuso della religione nella società.

Diritti umani: i Carmelitani, seguendo quanto espresso nel Vangelo di Matteo 25:31-46, da sempre si prendono cura degli affamati. L'ONG carmelitana difende il "diritto al cibo" secondo l'art. 25 della Dichiarazione Universale dei Diritti Umani che dice: "Ciascuno ha diritto ad un tenore di vita tale da consentirgli il benessere per sé e la sua famiglia: cibo, vestiario, casa, cure mediche e servizi sociali necessari; inoltre ha il diritto di essere aiutato in caso di disoccupazione, malattia, disabilità vedovanza, vecchiaia o mancanza di mezzi di sussistenza per circostante imprevedibili."

Il "diritto alla sicurezza personale" riguarda il traffico di esseri umani, da considerare illegale in quanto è un crimine; esso è una forma moderna di schiavitù.

Sviluppo sostenibile: i Carmelitani considerano fondamentale la protezione del Creato. Per loro i cambiamenti climatici più che una preoccupazione per l'ambiente sono un problema di giustizia. Quindi occorre fare tutto il possibile per venire in aiuto della gente che vive in povertà e che subisce le conseguenze di tali cambiamenti.

Sebbene l'ONG carmelitana sostenga e difenda queste questioni è sempre che un avvocato difensore. Essa, essendo una presenza religiosa alla Nazioni Unite, tesse un filo di spiritualità carmelitana tramite la difesa di questi problemi. "Incontrando la gente in piazza" è una raccolta di pie riflessioni che l'ONG carmelitana pubblica in collegamento con le questioni che essa appoggia.

Da sempre i Carmelitani cercano di "essere in mezzo alla gente." "Incontrando la gente in piazza" permette ai Carmelitani di "essere in mezzo alla gente" a sostegno del clero del Carmelo, specialmente perché, alle Nazioni Unite, essi parlano a favore dei poveri e degli emarginati.

Jane Remson, O. Carm.

GIORNI DI PREGHIERA

"Tutti gli esseri umani nascono liberi ed uguali in dignità e diritti. Sono dotati di ragione e di conoscenza e devono agire reciprocamente in spirito di fratellanza."

Art. 1 Dichiarazione Universale dei Diritti Umani (1948)

Giorni di preghiera per i diritti unani

1

A sostegno del popolo dello Zimbabwe e di tutti coloro che subiscono violenza

Cari Carmelitani ed amici dello Zimbabwe,

da qualche tempo le notizie provenienti dallo Zimbabwe sono allarmanti. In migliaia hanno lasciato il paese in cerca di aiuto per sé e la loro famiglia; si produce sempre meno cibo, si infrangono le leggi e c'è un abbandono generalizzato dei diritti umani. Allo stesso tempo gli sforzi per trovare una nuova struttura politica sono stati ostacolati dal forte desiderio del Presidente che, nonostante i risultati delle recenti elezioni, vuole rimanere al potere.

Noi, la squadra leader dell'ONG carmelitana associata alle Nazioni Unite, siamo sicuri che tutti i Carmelitani del mondo sono interessati e preoccupati di ciò che accade in Zimbabwe; soprattutto per la presenza in quel paese delle Serve di Nostra Signora del Monte Carmelo e dei frati carmelitani. Per sostenere il lavoro e le aspirazioni della famiglia carmelitana e per aiutare un popolo che soffre da tanto noi proponiamo un giorno di preghiera e di digiuno in tutta la famiglia carmelitana. In questo modo intendiamo reagire senza violenza e con fede ad una situazione molto difficile. Perciò consegniamo questo libretto a tutte le comunità di uomini e di donne sparse in tutto il mondo e proponiamo Mercoledì 10 dicembre 2008, giorno dei Diritti Umani Universali, giorno in cui i Carmelitani, in comunità o individualmente, osservino un giorno di preghiera e di digiuno per una soluzione pacifica e duratura della situazione esistente in Zimbabwe.

Speriamo che il contenuto di questo libretto spinga i singoli o le comunità a pregare e digiunare nella predetta giornata.

Possa il Dio della pace illuminare il cammino di un popolo, che in passato ha conosciuto la pace, affinché viva di nuovo in pace.

La squadra guida dell'ONG carmelitana

◊ ◊ ◊

RIFLESSIONI

Tema delle nostre riflessioni: "Come affrontare con amore situazioni molto difficili?"

Elia, nostro fondatore spirituale, si oppose all'idolatria dilagante di Acab, re d'Israele e, credente di zelo, si presentò al cospetto di Dio sul monte Oreb. Egli disse:

"Esci e sta sul monte davanti al Signore, perché il Signore sta per passare." Allora ci fu un grande vento tale da spaccare le montagne e sbriciolare le pietre davanti al Signore, ma il Signore non era nel vento; e dopo il vento ci fu un terremoto, ma il Signore non era nel terremoto; e dopo il terremoto ci fu un fuoco, ma il Signore non era nel fuoco; e dopo il fuoco ci fu silenzio assoluto.

1 Re 19:11-12

◊ ◊ ◊

Maria, durante la passione e morte di suo Figlio, stette in silenzio ai piedi della Croce ed aspettò che Egli risorgesse secondo quanto era stato promesso.

Frattanto in piedi vicino la Croce di Gesù stavano Sua madre e la sorella di Sua madre, Maria, moglie di Cleofa ed anche Maria Maddalena.

Giovanni 19, 25

◊ ◊ ◊

Poiché i Luoghi Sacri erano in mano ai Saraceni, i nostri fondatori condussero sul Monte Carmelo uno stile di vita alternativo e molto fruttuoso. Per fronteggiare le difficoltà indossavano l'armatura di Dio:

> *Poiché la vita dell'uomo sulla terra è un periodo di prova e, poiché tutti coloro che vivono Cristo con fedeltà sono perseguitati, ed il diavolo, tuo nemico, è in cerca di preda come un leone, tu devi preoccuparti di indossare sempre la corazza di Dio così da essere pronto a sostenere l'agguato del nemico.*

Regola Carmelitana, 18

◊   ◊   ◊

Teresa d'Avila, nelle sue battaglie contro i poteri dell'epoca, riuscì a difendere il suo obiettivo:

> *Quando il tuo principale desiderio è il desiderio di vedere Dio,*
> *Quando la tua principale paura è la paura di perdere Dio,*
> *Quando la tua principale pena è la pena di non possedere Dio,*
> *Quando la tua principale gioia è in tutto quello che ti conduce a Dio,*
> *Tu vivrai nella pace più profonda.*

Avisos 69

◊   ◊   ◊

San Giovanni della Croce ci spinge a cercare, tra le tante, le motivazioni più chiare ed oneste nella nostra ricerca del bene.

> *Se un uomo con fermezza decide di portare questa croce, se egli decisamente vuole trovare e sopportare in nome di Dio la sofferenza in tutte le cose, egli troverà in tutte queste grande sollievo e piacere. Un uomo matura solamente attraverso l'imitazione di Cristo che è via, verità e vita. Nessuno va al Padre se non tramite lui. Questo non è nient'altro che la morte del nostro "io".*

L'ascesa al Monte Carmelo II, 7:5

◊   ◊   ◊

Teresa del Bambino Gesù affrontò situazioni insignificanti che avevano valore universale. Il suo interesse per il destino di Pranzini, l'assassino condannato, era prova del suo desiderio che nessuno dovesse essere abbandonato. Ella rispose con amore alla consorella che era difficile da amare:

> *Mi è costato moltissimo offrirmi per questo piccolo servigio, perché sapevo cosa non facile accontentare Sorella St. Pierre. Soffriva moltissimo e non gradiva quando si cambiavano gli assistenti. Comunque non volevo perdere l'occasione di praticare la carità, ricordando le parole di Gesù: "Qualunque cosa tu faccia al più piccolo di questi tu lo fai a me."*

> *Storia di un'anima, Man. C. Cap. XI*

◊ ◊ ◊

Titus Brandsma affrontò le situazioni più difficili grazie alla sua vicinanza a Dio:

> *Mio Signore, quando guardò su verso di te, vedo su di me i tuoi occhi pieni d'amore; l'Amore sommerge il mio povero cuore, poiché so che tu sei un amico fedele. Prevedo un calice amaro, che accetto per amor tuo. Desidero percorrere la tua via dolorosa, l'unica strada verso Dio che io conosco. La mia anima è piena di pace e di luce: Sebbene nella sofferenza, questa luce risplende gioiosa, perché tu mi stringi al tuo petto ed il mio cuore desidera trovare la pace. Lasciami qua tutto solo, nella cella dove non è entrata mai la luce del sole. Questo prezioso silenzio mi rende libero, anche se nessuno dovesse parlarmi. Perché, sebbene solo, non ho paura; o Signore, non mi sei stato mai così vicino. Signore, per favore resta con me; trovo in te la pace più profonda.*

> *Scheveninger Prison, Febbraio 1942*

◊ ◊ ◊

La missione dell'ONG carmelitana è quella di partecipare alla realizzazione di un mondo più pacifico, giusto e caritatevole, provvedendo alle necessità del popolo di Dio. Il nostro scopo è prendersi cura dei bisogni spirituali e materiali della famiglia umana ed anche dell'ambiente:

> *Infine questo modo di stare "in mezzo alla gente, è il segno e la testimonianza di nuovi rapporti di fraternità e di amicizia tra uomini e donne dovunque. E' il messaggio apostolico di equità e pace nella società e tra i popoli.*

> *Come parte integrante della Buona Novella, questo apostolato deve essere attuato impegnandosi attivamente a trasformare i sistemi e le strutture corrotti in sistemi e strutture favorevoli. Significa anche, per poter parlare di speranza e di salvezza, scegliere di condividere la vita dei "piccoli" (minores) del mondo – più con la nostra vita (con i fatti) che con le parole.*

Questa scelta è dettata dal nostro voto di povertà di una congregazione di questuanti e, non perdendo di vista l'obbedienza verso Gesù Cristo, si manifesta anche tramite il riguardo ed il rispetto verso i poveri e per coloro sui quali si riflette il volto di Nostro Signore.

Costituzioni, 24

◊ ◊ ◊

Noi tutti vogliamo amare ed agire con amore. John Soreth ci consiglia di amare con saggezza:

Dio è saggezza e vuole essere amato non solo con fervore, ma anche con saggezza e vuole essere amato non solo con fervore, ma anche con saggezza; altrimenti l'entusiasmo ti porterà a sbagliare. Se trascuri questo consiglio, l'astuto nemico ha un mezzo molto efficace per sottrarre l'amore di Dio dal tuo cuore facendoti procedere con spensieratezza e senza discernimento. Perciò, possa il tuo amore essere forte e perseverante senza abbandonarti alle paure e senza consumarti con le preoccupazioni.

Exhortations on the Carmelite Rule del Beato John Sorett

◊ ◊ ◊

Atti da compiere nel nostro giorno di preghiera

- Periodo di digiuno
- Periodo di digiuno con donazione per i poveri
- Prendere in esame i modi in cui voi siete aggressivi nel linguaggio, del corpo, nel modo di parlare e nel modo di agire.
- Recitare ogni giorno la preghiera di San Francesco.

◊ ◊ ◊

Preghiera responsoriale

Uniti ed in pace, preghiamo il nostro Salvatore:

Per i popoli della terra…
Signore, pietà

Per i popoli della terra e per i loro governanti...
Signore, pietà

Per tutti coloro che partecipano a questa preghiera...
Signore, pietà

Per coloro che ci hanno fatto del bene e per coloro che ci hanno offeso...
Signore, pietà

Per coloro che vivono nel peccato e per coloro che inducono la gente al peccato...
Signore, pietà

Per coloro che si affidano alle nostre preghiere, nonostante i nostri insuccessi...
Signore, pietà

Che noi tutti possiamo essere strumenti di pace...
Signore, pietà

◊   ◊   ◊

Preghiera di San Francesco

Signore, fa di me strumento della tua pace,
Dove è odio, fa che io porti l'Amore
Dove è offesa, ch'io porti il perdono,
Dove è tristezza, ch'io porti la gioia,
Dove è dubbio, ch'io porti la fede,
Dove è disperazione, ch'io porti la speranza.
O Maestro Divino, fa che io non cerchi tanto
Ad essere consolato, quanto a consolare,
Ad essere compreso, quanto a comprendere,
Ad essere amato, quanto ad amare.
Poiché è nel dare che noi riceviamo,
E' nel perdonare che siamo perdonati,
Ed è con la morte che nasciamo a vita eterna.

◊   ◊   ◊

Preghiera con simboli

... La Croce:
E' da questo simbolo d'amore che siamo salvati.

.... L'acqua:
E' con l'acqua del battesimo che siamo purificati ed è con l'acqua della terra che ci dissetiamo.

.... Una candela:
E' con la luce del Signore Risorto che usciamo dalle tenebre.

.... Un cesto di cibo:
E' con i frutti della terra e con il lavoro delle mani che i nostri figli si nutriranno.

.... Una stretta di mano:
E' con una stretta di mano che noi accettiamo, con fratelli e sorelle, quelli che ci circondano, senza alcuna distinzione.

◊   ◊   ◊   ◊   ◊

Questo giorno di preghiera è stato fissato per la celebrazione della Giornata Mondiale dei Diritti Umani, 10 dicembre 2008

2

Riflessione di fede sul traffico umano

I
Alcune vicende su cui riflettere

Il traffico di esseri umani "è un reato terribile e scandaloso contro la dignità dell'uomo ed una grave violazione dei diritti fondamentali dell'uomo."

Giovanni Paolo II

La tratta di esseri umani implica un raggiro o costrizione ed una violenza brutale per schiavizzare un individuo. I bambini di strada oppure i profughi possono cadere sotto il controllo di trafficanti che li costringono a chiedere protezione.

CarmeNGO 2(2009)2

In quanto ad ampiezza e rapidità, nel mondo, il traffico di essere umani sta al secondo posto tra le azioni criminali. Essa è la terza attività criminale più lucrosa dopo il traffico di droga e di armi. Lo sfruttamento sessuale, poi, è di gran lunga la forma di traffico umano più universalmente identificata, seguita dal lavoro forzato.

CarmeNGO 2(2009)3

Lo sfruttamento dei bambini per l'accattonaggio, per il commercio sessuale e per la guerra è reale ed in aumento.

CarmeNGO 2(2009)3

La maggior parte delle vittime di questo traffico hanno tra i 18 ed i 24 anni;

Il 95% di questi subisce violenza fisica o sessuale durante la tratta;

Il 98% delle vittime che subiscono abusi sessuali sono donne e ragazze;

Il 56% delle vittime dello sfruttamento economico sono donne e ragazze

Molte vittime hanno almeno un livello d'istruzione medio;

Ci sono almeno 30 milioni di vittime di questo moderno tipo di schiavitù, nel mondo d'oggi;

Il 50% delle vittime ridotte in schiavitù sono bambini;

Ogni anno le nuove vittime sono un milione in più;

Ogni momento due milioni e mezzo di persone subiscono questo tipo di traffico;

Il 52% dei trafficanti sono uomini, il 48% donne;

Nel 54% dei casi il trafficante non era noto alla vittima, nel 46% lo era.

◊   ◊   ◊

II
Storie che ci fanno riflettere

1. Soldati bambini

La vita al fronte porta spesso i bambini ad essere esposti agli orrori della guerra. Si definisce soldato bambino chi è al di sotto dei 18 anni e che direttamente o indirettamente partecipa ad un conflitto armato come membro di una forza armata o di un gruppo armato. Mentre alcuni bambini sono dotati di fucili e macheti oppure di granate con propulsione a razzo, altri vengono utilizzati come staffette, spie cuochi, facchini, schiavi sessuali e sminatori, cioè con compiti di supporto al combattimento.

CarmeNGO 2(2009)3

Che cosa spinge un bambino ad imbracciare un'arma e stare al fronte? In quale futuro può sperare un soldato bambino?

Come reagiranno le persone intorno a te quando sapranno dei soldati bambini?

La parola di Dio
(Matteo 18:1-7,10: Gesù protegge i bambini dallo scandalo)

In quel tempo i discepoli si avvicinarono a Gesù e gli chiesero: "Chi è il più grande nel regno dei cieli?" Egli chiamò un fanciullo che pose in mezzo a loro e disse: "In verità vi dico a meno che non vi convertirete e non diventerete come fanciulli, non entrerete nel regno dei cieli. Chi si farà piccolo come questo bambino, questi sarà il più grande nel regno dei cieli. Chi accoglierà nel mio nome un solo fanciullo come questo, accoglierà me. Se uno di voi sarà di scandalo ad uno di questi piccoli che credono in me, sarebbe meglio per lui se una grande macina gli fosse legata al collo e fosse buttato giù nel fondo del mare. Guai al mondo per gli scandali. E' inevitabile che avvengano scandali, ma guai all'uomo che dà scandalo. Guardatevi dal disprezzare uno solo di questi piccoli; poiché vi dico che i loro angeli nei cieli contemplano continuamente il volto del Padre mio che è nei cieli."

Commenti:

I discepoli chiesero; "Chi è il più grande nel regno dei cieli?" Dietro questa domanda alquanto priva di senso si nasconde il loro desiderio di occupare il primo posto. Gesù chiama un fanciullo e lo fa diventare maestro degli adulti. "Io vi dico che, se non vi convertirete e non diventerete come fanciulli, non entrerete nel regno dei cieli." Immediatamente i discepoli lo sentono condannare con veemenza ogni scandalo commesso contro i fanciulli, contro i "piccoli": *"Chiunque sarà di scandalo ad uno di questi fanciulli che credono in me, sarebbe meglio per lui che gli fosse legata al collo una macina e fosse buttato in mare."*

Dare scandalo ai piccoli significa che essi non conosceranno più l'amore di Dio e perderanno la loro fede in Dio, perché hanno deviato dalla retta via e non si sentiranno più amati. Se Gesù inveì contro lo scandalo è perché a quel tempo, infatti, erano stati perpetrati molti scandali contro i bambini. Poi Gesù dice: "E' inevitabile che ci siano scandali, ma guai a chi li semina."

Perché inevitabile? A quel tempo l'insegnamento della religione era uno scandalo per i "piccoli" e li portava a perdere la fede in Dio (Luca 17:1-2; Matteo 18:6-8; Marco 9:42). L'uso della purificazione, fortemente voluta da scribi e farisei, emarginava molto: Samaritani, stranieri, lebbrosi, pubblicani, malati, paralitici e bambini. Gli scribi disprezzavano gli umili (Giovanni 7:49; 9:34). In nome della legge di Dio interpretata in modo scorretto dalle autorità religiose, venivano escluse molte brave persone. Invece di servirsi della legge per rafforzare la comunità e per accogliere gli esclusi, essi si sono serviti della legge per rendere legittima l'esclusione. Lo stesso scandalo si consuma ancora oggi. A causa delle esperienze negative vissute per colpa di padroni e di clienti, molto bambini e giovani non hanno più fiducia negli adulti e perdono la fede in Dio.

Gesù reagisce in due modi a questa situazione. Da una parte cerca di rafforzare qualità della vita della comunità, perché questa è la base della vita sociale, perché protegge la famiglia e le persone ed anche perché è la vita di comunità il mezzo per trasmettere le tradizioni della gente. Difendere la comunità è difendere l'Alleanza. E' il modo concreto sia di incarnare l'amore di Dio in quello che nutriamo per il prossimo sia di evitare lo scandalo.

Dall'altra parte Gesù denuncia lo scandalo. Egli sta dalla parte dei "piccoli" e li difende; li accoglie e li difende dalle catture degli adulti (Marco 9:37; Matteo 10:42; 18:10; 25:40). Madri e figli vanno da lui per farsi benedire. Gli Apostoli cercano di allontanarli. Gesù sgrida gli adulti ed accoglie le madri con i figli, li tocca e li benedice. *"Lasciate che i bambini vengano a me, non li scacciate."* (Marco 10:13-16; Matteo 19:13-15).

Secondo il costume del tempo e secondo la legge del tempo, madri e figli vivevano in uno stato di impurità permanente. Toccarli significava diventare impuri. Gesù non se ne preoccupa. Quando i fanciulli vengono criticati dai sommi sacerdoti e dagli scribi, Gesù li difende servendosi delle Sacre Scritture (Matteo 21:16). Mostra grande interesse per loro (Marco 10:13-16; Matteo 19:13-15; Marco 10:15; Luca 9:46-48). Egli si identifica con loro (Marco 9:37; Matteo 25:40). *"Ma guai a coloro che scandalizzano questi piccoli."* Il loro destino sia avere una macina al collo ed essere buttati in mare. Che dirà Gesù di coloro che violano l'innocenza dei bambini soldato e degli schiavi del sesso.

◊　◊　◊

2. Terribile ritorno a casa

Sorella Florence, assistente sociale, sta per dire ai genitori che la Figlia di Joyce tornerà presto a casa. Essi vivono in una casa a Benin City, Nigeria, costruita con il denaro spedito a loro da Joyce. Sorella Florence li informa che Joyce non sta bene e che è stata ricoverata in un istituto psichiatrico. I genitori reagiscono in modo ostile, gridano e urlano che la lascino in Svizzera perché non la vogliono a casa. Sorella Florence li supplica di non abbandonarla perché ha bisogno di loro. A questo punto la madre va in cucina e torna con una pentola vuota che fa cadere davanti a sorella Florence dicendole che non hanno ne un tegame e nemmeno un pezzetto di carne o di pesce per sfamarsi. Poi quanto Joyce ritorna, viene ricoverata in ospedale; suo padre va a trovarla e le chiede se ha denaro per loro.

- Com'è la vita nella casa di Joyce dove vivono i suoi genitori?
- La povertà snatura e altera i caratteri distintivi dell'animo umano. Che succede nel nostro ambiente?
- Che futuro hanno Joyce e le ragazze come lei?
- Che fa la gente, quando è disperata?
- Che succede quando nella città e nei paesi si rompono i vincoli familiari?
- Dove possono rivolgersi le vittime sfuggite ai padroni e ai trafficanti?

La parola di Dio.
Luca 15:8-10: Parabola della Dracma perduta (della misericordia divina)

"Quale donna che ha 10 monete d'argento, se ne perde una, non accende la lucerna spazza la casa e si mette a cercarla attentamente finché non la trova? Quando la trova chiama le amiche e le vicine di casa dicendo: "fate festa con me perché ho trovato la moneta che avevo perduta." Così io vi dico che gli angeli di Dio fanno grande festa per un solo peccatore che si pente."

Osservazioni:

I genitori di Joyce non sono più in grado di accogliere la figlia. Causa la loro povertà hanno perso la capacità di proteggerla. La povertà spinge molte persone ad affidarsi ai trafficanti che promettono loro una vita migliore. Tutto quello che interessava ai genitori di Joyce era la loro sopravvivenza. Però nonostante tutto, molto spesso i poveri hanno senso di umanità e di solidarietà. La tragedia di questa storia sta nel fatto che i genitori di Joyce hanno perso persino quello che è che non aiutano per niente la figlia bisognosa. E non hanno neppure la gioia di riunire i vicini di casa per festeggiare il ritorno della loro figlia.

◊ ◊ ◊

3. Costretta a lasciare il suo paese

Maria viveva nell'entroterra del Brasile. Era stanca di lavorare la terra. Incontrava molte difficoltà e non aveva prospettive migliori. Si stancava sempre più ed era sempre più infelice e disillusa. Di conseguenza decise di lasciare il Brasile. Un'amica gli aveva fatto sapere che poteva guadagnare molto di più e che la sua vita sarebbe migliorata. Vendette quel poco che aveva si fece prestare denaro di amici e partì per l'Europa. Si stabilì a Roma dove viveva la sua amica. Non immaginava che il costo della vita fosse così alto. Là l'unico posto di lavoro che riuscì a trovare era quello di cameriera.

Dopo la scadenza del visto turistico di tre mesi diventò clandestina, soggetta all'espulsione. Non aveva idea delle difficoltà cui vanno incontro i migranti senza documento, costretta a spostarsi in continuazione e ricercate dalla polizia.

Dopo alcuni mesi era di nuovo in giro alla ricerca di un posto di lavoro. Non poteva umiliarsi e farsi sfruttare come manodopera a basso costo. Fino ad allora aveva guadagnato quel poco che gli serviva per sopravvivere.

Per alcuni anni andò di casa in casa, lavorando persino fino a 15 ore al giorno, minacciata e molestata sessualmente. Stava incominciando a perdere interesse per la vita. Alla fine, non avendo trovato il lavoro per cui aveva lasciato il suo paese, delusa per il sogno infranto, decise di ritornare dalla famiglia tra la sua gente.

La parola di Dio
Matteo 2:13-15: Fuga in Egitto

Ascolteremo un brano secondo Matteo che ci dice come Giuseppe e Maria furono costretti a lasciare la loro terra ed a fuggire in Egitto. Mentre ascoltiamo facciamo attenzione alla condizione spirituale e alla sofferenza della famiglia del Bambino Gesù.

Osservazioni:

Oggi la migrazione forzata è generale. La gente è costretta per la situazione politica, per il bisogno di denaro e di lavoro, per l'odio raziale per la mancanza di terra destinata alla sopravvivenza di se e della propria famiglia, per la siccità, per la fame e per la carestia ad emigrare. Molti sono le cause di questo fenomeno. Abbiamo appreso la storia di Maria che è emigrata dall'entroterra brasiliano ed è finita in terra straniera senza documento e senza assistenza.

Tutti i problemi riguardanti la migrazione forzata esistevano anche al tempo di Gesù e furono presenti anche nella sua stessa vita. I suoi genitori costretti a fuggire in Egitto perché Erode aveva ordinato l'uccisione dei primogeniti nati in Giudea. In questo modo una povera famiglia della Palestina Centrale, senza difesa contro la volontà del Re, dovette fuggire in terra straniera. Non sappiamo per quanto tempo; forse per uno o due anni.

Questa non fu ne la prima volta ne l'unica che Gesù fu costretto a migrare. Possiamo dire che Gesù fu un migrante e figlio di migranti. Quando i

Romani indissero il censimento per avere un maggiore gettito fiscale, Giuseppe padre di Gesù, che viveva nel Nord a Nazaret, dovette andare a Sud a Betlemme per iscriversi. Partirono lui e sua moglie Maria incinta di nove mesi (Luca 2:1-5). Ciò vuol dire che Gesù nacque lontano dal suo paese e dalla sua patria (Luca 2:6-7).

Mentre erano a Betlemme, poi la famiglia di Gesù fu costretta a fuggire in Egitto per le ambizioni politiche di Erode (Matteo 13-14). Quando Erode morì essa poté far ritorno a Betlemme (Matteo 2:19-20). Ma alla notizia che Archelao, re di Giudea, sarebbe successo ad Erode, decise che sarebbe stato meglio recarsi a Nazaret (Matteo 2:22-23). Archelao era un re crudele e pericoloso lo storico Flavio Giuseppe racconta che, proprio il giorno della sua incoronazione, Archelao fece uccidere sulla spianata del tempio più di 3000 persone.

Gesù fu allevato a Nazaret (Luca 4:16) ma quando aveva trent'anni, se ne andò a vivere a Cafarnao (Matteo 4:13). Forse lo fece perché sapeva che le aspettava la missione di predicatore itinerante. Cafarnao, infatti, era il crocevia che facilitava le comunicazioni tra le città ed i paesi attorno. Quando la famiglia ed i parenti si resero conto che Gesù lavorava così tanto da non avere tempo per mangiare, pensarono che fosse uscito di senno e decisero di riportarlo a Nazaret, ma Gesù non li ascoltò (Marco 3:21) (Marco 3:31-35). Quando ritornò a Nazaret per proclamare la buona novella, la gente gli si ribellò e voleva mandarlo via ed ucciderlo (Luca 4:28-29).

La vita di Gesù, come la vita di Maria del Brasile, fu la vita di un migrante senza fissa dimora. Anche durante i tre anni in cui viaggiò per tutta la Palestina, fu costretto, in più di un'occasione, a fuggire e a nascondersi per le minacce delle autorità. (Marco 11:18-19; 12:12; Giovanni 8:59; 10:39; 11:8; 12:36).

◊   ◊   ◊

III
Suppliche responsoriali

Preghiamo per tutti coloro che soffrono a causa del traffico di esseri umani, venduti come schiavi, e per le famiglie che lasciano dietro di sé.

Signore, fa che ritornino alle loro case sani e salvi che guariscano le ferite e la salute malferma, fa che resistano alle lusinghe dei trafficanti, concedi loro famiglie e comunità forti, un buon impiego ed istruzione.

Signore, aiutaci ovunque ad essere più vigili e meno indulgenti nei confronti dei criminali. Guida l'opera dei legislatori e di coloro che fanno applicare la legge. Insegnaci a condividere ciò che abbiamo affinché nessuno sia lasciato nel bisogno.

Signore parla al cuore dei trafficanti dei capi e dei clienti. Fa che essi si convertano, che si rendano conto del male che fanno, che si decidano a cambiar vita abbandonando lo stile di vita attuale e che siano puniti per i loro crimini. Concedi loro il perdono ed uno stile di vita completamente rinnovato.

Officiante: Nel mondi molte donne sognano di lavorare all'estero, di guadagnare molto denaro per essere in grado di aiutare le famiglie, ma finiscono per essere vendute come prostitute.

> *Risposta*: Gesù, nostro salvatore, rendici consapevole di questo soffrire del nostro mondo e darci la volontà per operare in favore della giustizia e della conversione degli sfruttatori.

Officiante: Le donne sono soggette a questo tipo di traffico a causa della povertà ed anche perché un certo tipo di cultura le considera esseri inferiori. Nessuno si sognerebbe mai di vivere di prostituzione e men che mai di vedere figli e figlie prostituirsi.

> *Risposta*: Spirito Santo, illuminaci ed aiutaci a riportare le donne al Regno di Dio. Dacci la forza di spezzare le catene del dominio e della sottomissione.

Officiante: In molti posti si offre sostegno alle donne ed ai bambini schiavizzati e sfruttati sessualmente.

> *Risposta*: Per intercessione di Maria possono tutte queste donne e tutti questi bambini, le cui vite ora sono disumane, conoscere la libertà delle figlie e dei figli di Dio.

(si possono aggiungere altre suppliche)

Dio di giustizia, liberaci da tutto quello che ci impedisce di vivere completamente.

◊ ◊ ◊

IV
Doveri ed obblighi

Essere informati e consapevoli di ciò che accade. Il traffico di esseri umani può esercitarsi non lontano dal posto dove vivete.

Sostenete le organizzazioni che offrono: rifugio alle vittime, sostegno ed istruzione per le potenziali vittime, vigilate sui beneficiari.

Fate pressioni sui politici e sui legislatori e sulle forze dell'ordine per leggi migliori ed efficaci.

Pregate con tutto il vostro cuore che abbia fine tutta questa terribile sofferenza.

Le ONG (NGO) del mondo stanno cercando di contrastare il traffico di esseri umani con iniziative quali la prevenzione, i processi, la protezione, il salvataggio, la restituzione ed il rimpatrio. Le ONG spesso lavorano con poche risorse eppure possono essere efficaci quando integrano le attività dei governi oppure anche senza sforzi governativi.

CarmeNGO 2(2009)2

Per spronare l'opinione pubblica contro il traffico di esseri umani, le Nazioni Unite stanno lanciando la campagna Cuore Blu. Indossare il cuore blu significa conoscere questo crimine e quindi, si aderisce alla campagna intesa a contrastarlo. Il Cuore Blu è da una parte simbolo della tristezza di coloro che lo subiscono dall'altra ci ricorda la crudeltà di chi vende e compra i propri simili. Il Colore Blu, colore delle Nazioni Unite sta anche a indicare l'impegno delle Nazioni Unite a combattere questo crimine lesivo della dignità umana.

◊ ◊ ◊ ◊ ◊

Questo giorno di preghiera è stato predisposto per la celebrazione della giornata mondiale dei diritti umani, 10 dicembre 2009.

3

Libertà di fede

Introduzione

Quest'anno nel giorno dei Diritti Umani dedichiamo il nostro giorno di preghiera alla libertà di credo. Questa preghiera ci fa riflettere sul diritto di libertà di credo come enunciato nella dichiarazione delle Nazioni Unite e nell'insegnamento della Chiesa Cattolica. E' un diritto collegato intimamente alla dignità dell'uomo. Riguarda la ricerca della verità da parte dell'uomo.

> *Dio è verità. Chi cerca la verità cerca Dio, ne sia egli consapevole o no.*
>
> *Edith Stein, Lettera, 23 marzo 1938*

Il profeta Elia

> *Elia, allora si avvicinò al popolo e disse: "Fino a quando andrete avanti tentennando tra due differenti credenze? Se il Signore è Dio, seguitelo; ma se lo è Baal, allora seguite lui."*
>
> *1 Re 18:21*

La storia di Elia può considerarsi senz'altro affermazione della libertà di credo: "Se il Signore è Dio, seguitelo; ma se lo è Baal, seguite lui, ma non tentennate tra i due." Poi egli massacrò i profeti di Baal! Che cosa ha a che fare tutto questo con la libertà religiosa? Potremmo dire che questi profeti vennero meno all'esercizio della loro libertà di fede accettando di seguire venti favorevoli. Non credevano fermamente in nulla. Essi moriranno per la propria indecisione. La storia definisce chiaramente le difficoltà culturali implicite nella ricerca della libertà di fede costringendoci ad ammettere che la cultura ed il particolare momento storico non erano adeguati alla lotta per valori più profondi che migliorassero la condizione degli esseri umani. Ciò si può dedurre dal secondo brano della storia del profeta:

> *Egli disse: "Esci e va sul monte davanti al Signore, perché il Signore sta per passare." Allora ci fu un gran vento così forte da spaccare le montagne ed a ridurre le pietre in pezzi davanti al Signore, ma il Signore non era nel vento; e dopo il vento ci fu un terremoto, ma il Signore non era nel terremoto; e dopo il terremoto ci fu un fuoco, ma il Signore non era nel fuoco; e dopo il fuoco ci fu silenzio assoluto. Quando Elia lo udì, si coprì il viso con il mantello, uscì e si fermò all'ingresso della caverna.*

1 Re 19:11-13

Come facciamo a riconoscere la presenza di Dio, se non siamo liberi di essere colti all'improvviso dal modo in cui Dio sceglie di manifestare la sua amorevole presenza?

◊   ◊   ◊

Articoli dalla Dichiarazione dei diritti umani delle Nazioni Unite (1948)

Articolo 1:

> *Tutti gli esseri umani nascono liberi ed uguali in dignità e diritto. Sono dotati di ragione e coscienza e devono agire reciprocamente in spirito di fratellanza(sic)*

Coloro che promuovono ed incoraggiano questo diritto sono: persone che conoscono i diritti umani, persone che si dedicano al bene comune, persone che hanno convinzioni certe in se stesse e che loro sono convinti della bontà degli esseri umani.

Pregate, affinché essere resi più forti…

Coloro che negano e sconoscono questo diritto, i regimi totalitari i fondamentalisti, persone che hanno poche certezze in se stesse oppure nel dio che venerano.

Pregate, affinché essi possano convertirsi …

Dal libro dei salmi:
Salmo 8 (Davide - L'uomo, re del creato)

O Signore, nostro Dio,

quanto mirabile è il tuo nome su tutta la terra!

La tua maestà voglia adorare nei cieli.

Con labbra di pargoli e di lattanti
Hai costruito una fortezza contro i tuoi nemici,
riducendo al silenzio i tuoi avversari.

Quando contemplo i cieli, opera delle tue mani,
la luna e le stesse che tu hai fissate
che cos'è l'uomo perché ti ricordi di lui
che cos'è il figlio dell'uomo, perché di lui ti prendi cura?

Su, di poco l'hai fatto inferiore a Dio,
e lo circondi di gloria e d'amore.

Tu gli hai concesso il potere sulle opere delle tue mani;
tu hai messo tutto sotto i suoi piedi,
pecore e buoi tutti
ed anche tutte le bestie del campo,
gli uccelli del cielo ed i pesci del mare.

O Signore, nostro Dio
Quanto mirabile è il tuo nome su tutta la terra!

◊   ◊   ◊

Articolo 2:

Tutti devono godere degli stessi diritti e della libertà, come enunciato in questa Dichiarazione, senza distinzione alcuna di sesso, razza, colore, lingua, religione, opinione politica, nazionalità, estrazione sociale, patrimonio, nascita o altra condizione. Inoltre non si deve fare distinzione alcuna in base alla posizione politica, giuridica o internazionale del paese o territorio cui essi appartengono, siano essi paesi indipendenti, sottoposti ad amministrazione fiduciaria, non autonomi oppure soggetti a sovranità limitata.

Coloro che promuovono ed incoraggiano questo diritto sono: educatori, ministri di culto, legislatori che non credono che una razza sia superiore ad un'altra, che non credono alla superiorità di una classe, di una lingua e di una religione.

Pregate affinché essi possano essere resi più forti …

Coloro che negano questo diritto sono: bigotti baciapile, gente gretta e meschina che non riesce a capire la ricchezza, la bellezza e le diversità degli esseri umani.

Pregate affinché essi si convertano …

Dal libro dei Salmi

Salmo 1 (Il giusto – l'uomo veramente felice)

> Beati coloro
> che non seguono il consiglio degli empi,
> non seguono il cammino dei peccatori,
> non siedono con i cinici;
> ma la loro gioia è nella legge del Signore,
> e in essa meditano giorno e notte.
> Essi sono come alberi piantato su rive d'acqua,
> che danno frutti nella loro stagione,
> e le cui foglie non appassiscono.
> In tutto quello che fanno, hanno successo.
> Non sono così gli empi,
> al contrario essi sono come pula che il vento sospinge.
> Per questo gli empi non entreranno nel giudizio,
> né i peccatori nell'assemblea dei giusti;
> perché il Signore conosce la via dei giusti,
> mentre la via degli empi andrà in rovina.

◊　　◊　　◊

Articolo 3:

Ogni individuo ha diritto alla vita, alla libertà ed alla propria sicurezza

Con questo articolo viene sancita la libertà di fede, di non essere perseguitato, imprigionato o condannato a morte. Coloro che promuovono questo diritto sono: i difensori della vita umana e della libertà, coloro che credono che la vita umana sia un valore primario.

> Pregate affinché essi siano resi più forti...

Coloro che negano questo diritto sono: coloro che non si curano del bene del prossimo.

> Pregate affinché essi possano convertirsi...

Dal libro dei Salmi

Salmo 63 (Davide – Ricerca appassionata di Dio)

> Dio, mio Dio, ti cerco
> Di te ha sete la mia anima;
> verso di te anela la mia carne
> come in una terra secca e desolata senz'acqua.

Così ti ho contemplato nel santuario,
celebrando la tua potenza e la tua gloria.
Poiché la tua grazia vale più della vita,
le mie labbra proclameranno le tue lodi.
Così ti benedirò per tutta la mia vita;
nel tuo nome stenderò le mie mani.
La mia anima si sazierà come ad un lauto convito,
e la mia bocca ti loderà con labbra di giubili
quando nel mio giaciglio penserò a te,
e mediterò su dite nelle veglie notturne;
perché tu mi sei stato d'aiuto,
e all'ombra delle tue ali io esulto di gioia.
L'anima mia si stringe a te,
la tua destra mi sostiene.
Ma coloro che cercano di distruggere la mia vita
Cadranno nelle profondità della terra;
saranno consegnati alla spada,
e finiranno in pasto agli sciacalli.
Il re, invece, gioirà in Dio;
esulteranno tutti quelli che giurano su di lui,
perché saranno tappate le bocche dei menzogneri.

◊ ◊ ◊

Articolo 18

Ogni individuo ha diritto alla libertà di pensiero, opinione e religione. Esso include la libertà di cambiare religione o credo ed anche la libertà di manifestare – da solo o insieme ad altri, sia in pubblico sia in privato, – la sua religione il proprio credo nell'insegnamento, nel culto e nell'osservanza dei riti.

Quelli che promuovono ed incoraggiano questo diritto sono: coloro che conoscono e riconoscono che Dio, chiunque sia, è di gran lunga superiore a chi lo venera. Coloro che hanno fiducia nell'interezza della vita umana.

Pregate affinché essi possano essere resi più forti…

Chi nega questo diritto è: colui che teme la libertà, colui che ha bisogno di proteggere interessi in gioco, colui che teme il diverso.

Pregate affinché egli possa convertirsi…

Dal libro dei Salmi
Salmo 139 (Davide – Nulla sfugge a Dio)

O Signore, tu che mi scruti e mi conosci;
Tu sai quando mi siedo e quando mi alzo;
Tu conosci i miei pensieri da lontano.
Tu esplori il mio cammino e la mia sosta,
Tu conosci tutte le mie vie.
Non c'è parola nella mia bocca,
O Signore, che tu non conosca perfettamente.
Tu mi stringi alle spalle e di fronte,
Passi su di me la tua mano.
Stupenda è per me la tua conoscenza;
talmente alta che non riesco a raggiungerla.

◊   ◊   ◊

Articolo 19:

Ogni individuo ha diritto alla libertà di opinione e di espressione, incluso il diritto di non essere molestato per la propria opinione; ha il diritto di cercare, ricevere e diffondere informazioni ed idee tramite ogni mezzo e senza badare alle frontiere.

Coloro che promuovono ed incoraggiano questo diritto sono: coloro che comprendono le diversità di vedute e d'opinione e che vivono in pace con il prossimo.

Pregate affinché essi possano essere resi forti …

Chi nega questo diritto è: colui che crede di dover controllare i mezzi di comunicazione ed i centri culturali; è colui che non rispetta le opinioni altrui.

Pregate affinché egli si converta …

Dal Libro dei Salmi
Salmo 19 (Davide – Rivelazione di Dio)

La legge del Signore è perfetta,
rinvigorisce l'anima;
la testimonianza del Signore è fedele,
dà saggezza ai semplici;
i precetti del Signore sono giusti,

danno gioia al cuore;
il comando del Signore è splendido,
dà luce agli occhi;
la parola del Signore è pura,
rimane in eterno;
i giudizi del Signore sono veri ed anche giusti.
Sono preziosi più dell'oro,
persino più dell'oro purissimo;
sono più dolci del miele
e dei favi sfavillanti

◊   ◊   ◊

Articolo 20:

1) Tutti hanno il diritto di riunirsi e di frequentarsi liberamente.
2) Nessuno può essere costretto a far parte di un'associazione.

Chi promuove ed incoraggia questo diritto è: chi riconosce la dimensione comunitaria della vita umana, chi riconosce che gli uomini hanno bisogno gli uni degli altri per poter maturare.

Pregate affinché egli possa essere reso più forte …

Chi nega questo diritto è: chi teme la folla e preferisce trattare con i singoli individui.

Pregate affinché egli possa convertirsi …

Dal Libro dei Salmi
Salmo 122 (Davide – Inno a Gerusalemme)

Mi rallegrai quando mi dissero,
"Andremo alla casa del Signore!"
I nostri piedi sono all'interno
delle tue porte, o Gerusalemme.
Gerusalemme – costruita come città
ben compatta.
Là salgono le tribù,
le tribù del Signore,
secondo l'ordine dato ad Israele,
di lodarvi il nome del Signore.
Perché là si ergevano i seggi del giudizio,
i seggi della casa di David.

Pregate per la pace di Gerusalemme:
"Possano preparare quanti ti amano.
Sia pace tra le tue mura,
tranquillità tra le tue torri."
Per amore dei miei familiari ed amici
dirò: "Sia pace in te."
Per amore della casa del Signore Nostro Dio,
cercherò il tuo bene.

◊   ◊   ◊

Altra lettura consigliata:

Dignitatis humanae (D. H.), Dichiarazione del Concilio Vaticano II sulla
libertà di fede:

carmelitengo.org/dignitatis-humanae

◊   ◊   ◊

*Questo giorno di preghiera è stato indetto per la Giornata Mondiale dei Diritti Umani,
10 dicembre 2010.*

4

Siccità e Carestia in Somalia

In Somalia, Kenya, Etiopia e nei paesi limitrofi, a causa di una grave siccità, di conflitti e di governi ed autorità noncuranti, un grandissimo numero di gente soffre la fame. La carestia è evidente in parecchie regioni della Somalia. Le capre ed il bestiame stanno morendo di fame e di sete e, perciò, chi li alleva sta perdendo l'occorrente per sfamarsi. In particolare, in Somalia centinaia di migliaia di bambini sono denutriti. La situazione attuale non è altro che il culmine di un processo che va avanti da tempo.

Secondo un rapporto dell'Ufficio per il coordinamento degli Affari Umanitari delle Nazioni Unite del 30 settembre, 13 milioni di persone che vivono nella predetta regione necessitano di assistenza. Particolarmente in Somalia senza un intervento urgente centinaia di migliaia di esseri umani rischiano la morte. In Etiopia, a causa della siccità con conseguente perdita di raccolto e bestiame, milioni di persone non avranno cibo ed acqua per i prossimi 3-6 mesi.

I campi profughi hanno, perciò, grandi problemi per la sicurezza, per la distribuzione di anni e per le dotazioni sanitarie. In aggiunta c'è il problema dei rifugiati che continuamente si spostano verso gli stati confinanti, incrementando il tasso di mortalità soprattutto tra i bambini. Dovrebbero essere aiutate anche le popolazioni locali che accolgono i rifugiati.

Secondo stime delle Nazioni Unite occorrerà mandare in Somalia ben oltre mezzo milione di tonnellate di cibo soltanto nel prossimo anno. Eppure i paesi donatori mandano 30.000 tonnellate al mese. Ancor peggio per quei paesi – come il Sudan meridionale – su cui incombe una carestia di massa, ma che sono ignorati, perché non fanno notizia. Siamo testimoni di fatto in cui il cibo viene usato come arma e non come risorsa da distribuirsi equamente. Altrove, nel mondo, i governi devono affrontare il problema del cibo eccedente. Perché succede?

La situazione attuale è dovuta a:

- Mancanza d'acqua;
- Conflitti sanguinosi;
- Governi centrali deboli;
- Corruzione;
- Incertezza sul periodo di possesso del suolo;
- Perenne mancanza di servirsi fondamentali.

Attualmente la comunità internazionale sta attraversando una grave crisi economica e finanziaria. Le statistiche riportano il drammatico incremento del numero di persone che sono affamate, anche a causa della maggiorazione dei prezzi di generi alimentari, la riduzione delle risorse economiche a disposizione dei popoli più poveri ed il loro limitato accesso ai mercati ed al cibo fermo restando che il mondo ha cibo sufficiente per tutti i suoi abitanti.

◊   ◊   ◊

La Dichiarazione dei Diritti Umani delle Nazioni Unite – Articolo 25

Tutti hanno diritto ad un tenore di vita sufficiente a garantire la salute ed il benessere proprio e della famiglia: hanno diritto all'alimentazione, vestiario, abitazione, cure mediche, servizi sociali necessari ed il diritto alla sicurezza in caso di disoccupazione, malattia, invalidità, vedovanza, vecchiaia o per perdita di mezzi di sussistenza per circostante indipendenti dalla loro volontà.

◊   ◊   ◊

Papa Benedetto XVI al World Food Summit 2011

Non si devono dimenticare i diritti fondamentali della singola persona che includono, naturalmente, il diritto all'alimentazione sufficiente, sana e nutriente ed anche il diritto all'acqua. Questi giocano un ruolo importante nella realizzazione di altri cominciando da quel diritto fondamentale che è il diritto alla vita. Poi occorre formare e coltivare "una coscienza pubblica che consideri il nutrimento e l'accesso all'acqua come diritti universali di ogni essere umano senza distinzione o discriminazione."

Caritas in Veritate, 27

Josette Sheeran, World Food Summit 2011

Josette Sheeran, direttore esecutivo del World Food Programme (WFP), ha sottolineato il ruolo fondamentale della donna:

"Le donne sono l'arma segreta contro la fame. Sono una forza valida nella lotta contro la denutrizione. I bambini mangiano, quando le donne hanno il nutrimento. Quando sono aiutate a coltivare la terra, le comunità mangiano. Allora la chiave per combattere la fame è dare alle donne consapevolezza e capacità capitale e strumenti per aiutarle a procacciare il cibo per sé, per la famiglia e per la comunità."

◊　◊　◊

Riflettiamo sulla Parola di Dio:

La vedova di Zarephath
1 Re 17:7-16

Dopo un po' di tempo il torrente si seccò, perché non era piovuto. Poi il Signore gli disse: "Ora vattene a Zarepta, che fa parte di Sidone; e resta là, poiché ho ordinato ad una vedova di quel posto di provvedere al tuo nutrimento." Così egli se ne andò a Zarepta. Giunto alla porta della città, incontrò una vedova che raccoglieva legna; la chiamò dicendole: "Portami un po' d'acqua in una brocca, affinché io possa bere." Mentre questa andava a prenderla, le gridò: "Portami un pezzo di pane." Ma lei rispose: "Com'è vero che vive il Signore, tuo Dio, non ho del pane pronto, ma solo una manciata di farina in una giara, ed un po' d'olio in una brocca; ora sto raccogliendo della legna da portare a casa per prepararlo per me e mio figlio; poi lo mangeremo e moriremo." Elia, allora, le disse: "Non temere; va' e fa' come hai detto; prima, però, preparami un pane piccolo e portamelo, poi ne farai per te e tuo figlio. Così infatti, dice il Signore, Dio d'Israele: "La giara della farina non si svuoterà e la brocca dell'olio non rimarrà mai vuota sino al giorno in cui il Signore non manderà pioggia sulla terra." Ella se andò e fece come Elia le aveva detto; così lui, lei e la famiglia mangiarono per molti giorni. La giara e la brocca non si svuotarono, secondo quanto il Signore aveva detto per bocca di Elia.

Una povera vedova con il suo unico figlio pensa di non potersi più nutrire dopo il prossimo pasto, che crede sia anche l'ultimo.

Viene un profeta, che desta meraviglia in lei.

Egli le fa vedere la situazione con occhi diversi.

Ella condivide quel poco che ha con lui.

E ne raccoglie i benefici.

◊　◊　◊

Gesù dà da mangiare alla folla
Matteo 14:14-21

> *Quando giunse a riva, trovò una gran folla; ebbe compassione di loro e ne guarì gli infermi. Fattasi sera, i discepoli vennero da lui dicendogli: "questo è un luogo deserto ed è tardi; manda via la folla affinché possa andare nei villaggi a comprarsi da mangiare." Gesù rispose loro: "Non occorre che se ne vadano; date voi da mangiare." Essi risposero: "Non abbiamo che cinque pani e due pesci." Ed egli disse: "Portatemelo qui." Poi ordinò alla moltitudine di sedersi sull'erba. Prese i cinque pani ed i due pesci, alzò gli occhi al cielo, benedì e spezzò i pani e li diede ai discepoli e questi li diedero alla folla. Tutti mangiarono e si saziarono; presero gli avanzi e li portarono via in dodici sporte piene. Quelli che mangiarono era circa 5000 uomini, senza contare donne e bambini.*

Una gran folla si riunì in un posto sperduto e deserto per ascoltare la parola del Signore ...

La folla non pensa a mangiare, ma Gesù si ...

I discepoli si chiedono dove troveranno il cibo per sfamarli tutti ...

Decidono di mandarli altrove ...

Gesù non lo permette. Devono restare dove sono ...

Anche in questo posto deserto, c'è abbastanza cibo per sfamarli tutti e ne avanza ...

Ciò avviene quando la gente comincia a condividere ciò che ha ...

◊   ◊   ◊

Preghiamo:
> *Signore, ascolta la nostra preghiera*

Aiutaci a servirci di tutti i tuoi doni: conoscenza, risorse naturali, forza per aiutare chi ha fame.
> *Signore, ascolta la nostra preghiera*

Aiutaci a capire che possiamo vivere con meno così da condividere con chi ha bisogno.
> *Signore, ascolta la nostra preghiera*

Perdonaci per l'egoismo ed la noncuranza. Perdona le decisioni sbagliate che prendiamo. Perdona le sofferenze che facciamo patire. Aiutaci a non proseguire più per questa strada.
> *Signore, ascolta la nostra preghiera*

Dà forza alle donne, che sono così duramente provate e dalle quali ci si aspetta molto di più di quanto possano fare.

Signore, ascolta la nostra preghiera

Aiuta i bambini nati in un mondo che non li sostiene. Rendi più luminoso il loro futuro, cambiando il nostro modo di comportarci.

Signore, ascolta la nostra preghiera

Proteggi i doni del creato, casa che hai costruito per farvi vivere tutti. Concedici la tua saggezza in modo da farci guardare il creato come fai tu.

Signore, ascolta la nostra preghiera

◊   ◊   ◊

Come dobbiamo operare affinché il futuro sia diverso

La Comunità Internazionale deve operare per portare la pace e dare stabilità al Corno d'Africa. Le Chiese e tutti gli uomini di buona volontà devono fare uno sforzo comune. L'istruzione deve essere indirizzata verso una maggiore conoscenza e responsabilità riguardo la dignità ed i bisogni degli essere umani, la protezione del creato, la distribuzione dei beni della Terra e le competenze necessarie per la produzione del nutrimento. Il cibo non deve più essere soggetto al mercato ed alla speculazione.

◊   ◊   ◊

Salmo 147:7-12 (Provvidenza di Padre)

Cantate al Signore per ringraziarlo;
con la cetra inneggiate al nostro Dio.

Egli copre il cielo di nubi,
prepara la pioggia per la terra
fa crescere l'erba sulle colline.
Dà cibo agli animali,
e ai piccoli corvi quando gracchiano.

Non tiene conto del vigore del cavallo,
non si compiace della velocità di uno che corre;
ma il Signore si compiace di quanti lo temono,
di quanti sperano nel suo costante amore.
Glorifica il Signore, o Gerusalemme!
Loda il tuo Dio, o Sion!

Perché ha rinforzato le sbarre delle tue porte;
hai benedetto i tuoi figli.

Rende sicuri i tuoi confini,
ti sazia con fior di frumento.

◊   ◊   ◊

Assistenza per informazioni ed attività
Food Agricultural Organization of the United Nations FAO.org

World Food Programme of the United Nations
WFP.org

Oxfam International
OXFAM.org

Bread for the World
Bread.org

Catholic Relief Services of U.S. Catholic Bishops' Conference
Catholicreliefservices.org

Mercy Corps International
MercyCorps.org

◊   ◊   ◊

*Questo giorno di preghiera è stato indetto per la Giornata Mondiale dei Diritti Umani,
10 dicembre 2011.*

5

Diritti umani e fede cristiana
Introduzione

Accettiamo l'invito delle Nazioni Unite a celebrare questa Giornata
Mondiale dei Diritti Umani, perché, come ha detto Papa Benedetto XVI,

> *Le Nazioni Unite sono la sede privilegiata in cui la Chiesa è chiamata a contribuire
> con la sua esperienza "del genere umano", sviluppata attraverso i secoli tra popoli di
> ogni razza e cultura, mettendola a disposizione della comunità internazionale. Questa
> esperienza ed opera, indirizzate al conseguimento della libertà di ogni credente, cercano
> anche di tutelare ancor di più i diritti della persona umana. Quei diritti sono fondati
> e plasmati sulla natura eccezionale della persona, che permette ad uomini e donne di
> procedere nel loro cammino di fede e nella ricerca di Dio in questo mondo. Si deve
> rafforzare il riconoscimento di questa dimensione se dobbiamo dare all'umanità un
> mondo migliore e se dobbiamo creare le condizioni per la pace, per lo sviluppo, per la
> cooperazione e per la garanzia dei diritti a favore delle generazioni future.*
>
> *Papa Benedetto XVI, Discorso all'Assemblea Generale delle Nazioni Unite, 2008*

◊   ◊   ◊

Preghiera

O Dio, viene in nostro aiuto.
Signore, affrettati a venire in nostro aiuto.
Gloria sia al Padre…

Chi crede in Dio, creatore di ogni cosa, capisce che la Creazione è qualcosa
di straordinario, che essa è sempre attiva, che la persona umana è la sua
manifestazione più alta ed il custode principale del Creato.

Signore, aiutaci a prendere in considerazione ed accettare la nostra parte di guardiani dell'universo.

Parliamo di diritti umani come condizioni necessarie affinché la persona umana goda la piena libertà e dignità concessa al Creato ed abbia l'opportunità di migliorare secondo il piano di Dio quando ci creò.

Signore, aiutaci a prendere in considerazione che, dove sono negati i diritti umani, si ostacola il tuo progetto della creazione.

I diritti umani si fondano sulla dignità della persona, dignità che deve essere rispettata e protetta dalle condizioni sociali. Poiché i diritti umani hanno fondamento divino non possono essere lasciati all'arbitrio o alla decisione di un singolo.

Preghiamo e riflettiamo su quello che San Paolo pensa del genere umano:

> Benedetto sia Dio, Padre di Nostro Signore Gesù Cristo,
> che ci ha benedetti in Cristo, nei cieli
> con ogni benedizione spirituale,
> proprio come egli ci scelse in Cristo prima della creazione del mondo,
> per essere santi e irreprensibili davanti a lui nell'amore.
> Ci ha predestinati ad essere suoi figli adottivi tramite Gesù Cristo,
> secondo il benevolo disegno della sua volontà,
> a lode della sua splendida grazia
> con la quale ci hai gratificati nel Diletto.
> In lui otteniamo la redenzione tramite il suo sangue,
> il perdono dei peccati,
> secondo la ricchezza della sua grazia
> che ha riversato in noi.
> Con sapienza ed intelligenza
> Ci ha manifestato il mistero della sua volontà,
> secondo il suo benevolo disegno che aveva iniziato con Cristo,
> nella pienezza dei tempi,
> di accentrare in lui tutti gli esseri
> quelli celesti e quelli terrestri.

Efesini 1:3-10

(Fate una pausa e riflettete su questo aspetto della persona umana)

◊   ◊   ◊

Universalità dei diritti umani

Se ci deve essere vera uguaglianza tra gli esseri umani e le nazioni, il

Pontefice ha detto:

"La Dichiarazione è stata adottata come 'norma comune' (preambolo) e non può essere applicata in modo frammentario, secondo tendenze o scelte selettive che rischiano di smentire l'unicità della persona umana e, quindi, l'indivisibilità dei diritti umani. La Dichiarazione Universale ha rafforzato la convinzione che il rispetto dei diritti umani è principalmente radicato in una giustizia immutabile (...) Poiché i diritti ed i conseguenti doveri scaturiscono dall'azione reciproca umana, è facile dimenticare che essi sono il frutto di un comune senso di giustizia, costruito principalmente sulla solidarietà dei membri della società ed è, di conseguenza, valido per sempre e per tutti i popoli.

Intervento di Benedetto XVI alle Nazioni Unite, 2008

Dio, l'umanità si basa sulla fratellanza e tutto sono eguali al tuo cospetto. Tutti nascono con la tua benedizione e tutti sperano di morire sotto la tua amorosa protezione. Durante la vita, aiutaci a trattare tutti con lo stesso amore e rispetto con cui noi vorremmo essere trattati.

Preghiamo con i Salmi
Il Salmo 8 celebra la bellezza e la dignità dell'uomo.

O Signore, nostro Signore,
quanto mirabile è il tuo nome su tutta la terra!
Hai posto la tua gloria sopra i cieli.
Con labbra di pargoli e di lattanti,
hai costruito una fortezza a causa dei tuoi nemici,
per ridurre al silenzio il nemico ed il vendicatore.

Quando contemplo i cieli, opera delle tue mani,
la luna e le stelle, che tu hai fissate,
che cos'è l'uomo perché ti ricordi di lui,
ed il figlio dell'uomo perché di lui ti prendi cura?

Ebbene l'hai fatto inferiore ai celesti
E l'hai circondato di gloria e di onore.
L'hai reso padrone di ciò che hai creato;
tu hai posto tutto sotto i suoi piedi,
tutte le pecore ed i buoi,
ed anche le bestie del campo,
gli uccelli del cielo ed i pesci del mare,
e tutto quello che percorre le vie marine.

O Signore, nostro Dio,
Quanto mirabile è il tuo nome su tutta la terra!

(Fate una pausa e riflettete sulla visione della persona umana come viene descritta dal Salmista David. L'uomo, re del creato.)

◊   ◊   ◊

Il traffico di esseri umani è crudele disprezzo dei diritti umani

La ONG carmelitana condanna il traffico di esseri umani. Sappiamo che, come conseguenza degli spostamenti di turisti e vacanzieri da una parte all'altra del mondo, l'industria del turismo è stata utilizzata dai trafficanti per scopi abietti. Perciò ci uniamo a Papa Benedetto, quando dice:

> *I viaggi, che ci offrono l'opportunità di ammirare la bellezza dei popoli le loro culture e il loro carattere, possono farci incamminare verso Dio, ed essere occasione di un'esperienza di fede. "Perché ammirando la grandezza e bellezza del creato si può arrivare alla conoscenza di Dio, Creatore." (Libro della Sapienza 13:5) Il traffico di esseri umani per lo sfruttamento dei minori da parte di individui senza scrupoli che abusano di loro e li torturano, spesso è collegato al turismo.*

> *Messaggio di Benedetto XVI*
> *al 7° Congresso Mondiale Pastorale del turismo*
> *Cancun 23-27 Aprile 2012*

Signore, aiutaci a scoprire come il traffico di esseri umani può danneggiare la società e distruggere la vita di chi ne è vittima.

Salmo 1 (Il giusto, l'uomo veramente felice)

Beati coloro che non seguono il consiglio degli empi,
non seguono il cammino dei peccatori,
non siedono con i cinici.

Ma la loro gioia è nella legge del Signore,
ed in essa meditano notte e giorno.
Essi sono come alberi piantati su rive d'acqua,
che danno i frutti nella loro stagione
e le cui foglie non appassiscono.
In tutto quello che fanno, essi hanno successo.

Non sono così gli empi!
Essi sono come pula che il vento sospinge.
Per questo gli empi non entreranno nel giudizio,
né i peccatori nell'assemblea dei giusti.

Perché il Signore conosce la via dei giusti,
mentre la via degli empi andrà in rovina.

La tradizione carmelitana

Pregando per i diritti della persona umana, ci sforziamo di uniformarci al progetto divino della creazione. Nella tradizione carmelitana ci sono fulgidi esempi di persone che si sono fatte guidare dallo spirito divino per capire meglio ciò che Dio vuole. Una di queste è San Nuno Alvarez Pereira, ex ufficiale dell'Esercito del Re del Portogallo. In occasione della canonizzazione di Fernando Millàn, Priore Generale dei Carmelitani, ha scritto:

> *Teologi ed esperti di spiritualità parlano di una seconda conversione o conversione radicale che spesso avviene nella vita dei santi o di coloro che cercano con forza il volto di Dio. Questo, naturalmente, è una conversione per analogia, dato che, in senso stretto, queste persone sono già convertite alla fede e generalmente cercano di viverla in modo sincero ed autentico. Comunque ad un certo momento, di solito nelle ultime fasi della maturità, nella vita del santo o del mistico succede qualcosa come una vocazione più energica, un desiderio di vivere la fede in modo totale, qualunque sia la conseguenza. E' a questo punto che essi diventano simbolo, sveglia ed esortazione per tutta la chiesa che è consapevole di tendere alla mediocrità all'abitudine, ad un modo comodo e piacevole di vivere la fede.*

Fernando Millàn Romeral, Priore Generale
Apposto sulla targa che celebra la Canonizzazione
di San Nuno A. Pereira, Roma 2009

Per quanto riguarda i diritti umani e l'attività necessaria per onorare l'uomo nella Creazione, si richiedono una più profonda comprensione ed un maggior impegno da parte di ciascuno.

Signore, ammorbidisci il nostro cuore e concedi, invece, un cuore tenero.

Dal Libro dei Salmi
Salmo 130 (Grido del peccatore)

Dall'abisso io grido a te, o Signore,
Signore, ascolta la mia voce.
Fa che le tue orecchie siano attente alla voce della mia preghiera.
Se tu, o Signore, dovessi notare le nostre colpe,
Signore, chi sopravvivrebbe?
Ma presso di te c'è il perdono
a questo noi ci inchiniamo.
L'anima mia spera nel Signore,
attendo la sua parola.
La mia anima attende il Signore,
più che la sentinella l'aurora,.
Fa che la sentinella attenda l'aurora
Ed Israele il suo Signore.
Perché con il Signore c'è la misericordia,
ed abbondante redenzione.
Invero egli redimerà Israele
Da tutte le sue colpe.

◊   ◊   ◊

Preghiere di ringraziamento

Per il miracolo della persona umana e per quello che l'uomo è capace di avere: amore, comprensione, compassione, impegno e la conoscenza di Dio.
Risposta: Dio sia lodato e ringraziato.

Per le istituzioni che si dedicano a far rispettare la dignità della persona umana e a migliorare la vita di migliaia di esseri umani.
Risposta: Dio sia lodato e ringraziato.

Per le persone che vivono ogni giorno con onestà e semplicità facendo il possibile per guadagnarsi da vivere e per aiutare il prossimo.
Risposta: Dio sia lodato e ringraziato.

Per le istituzioni ed i governi che lavorano per contrastare il traffico di esseri umani.
Risposta: Dio sia lodato e ringraziato.

Atto di dolore

Per tutti coloro cui viene negato ogni giorno il diritto ad una vita decorosa.
Risposta: Dio, perdonaci.

Per la cultura dell'indifferenza che non ci fa operare per il rinnovamento.
Risposta: Dio, perdonaci.

Per l'egoismo e la crudeltà che caratterizzano la nostra società.
Risposta: Dio, perdonaci.

Per tutti coloro che vivono nella paura e nel terrore.
Risposta: Dio, perdonaci.

Per i molti modi con cui usufruiamo di vaste risorse a favore di noi stessi e dei nostri amici.
Risposta: Dio, perdonaci.

Preghiera d'intercessione

Per l'aiuto di cui abbiamo bisogno per conoscere ciò che avviene e per rispondere con amore ed imparzialità...
Risposta: Resta con noi, Signore.
Per essere in grado di fare qualcosa per chi soffre ogni giorno...
Risposta: Resta con noi, Signore.

Per poter gridare a gran voce in difesa degli indifesi...
Risposta: Resta con noi, Signore.

Affinché le attitudini, la bontà e le risorse di tutto servano a migliorare la vita di ciascuno…

> *Risposta:* Resta con noi, Signore.

Che tu ci possa sempre aiutare, perché, senza di te, non possiamo fare nulla…

> *Risposta:* Resta con noi, Signore.

Figli di un unico padre, tutti fratelli e sorelle, noi preghiamo il Padre Nostro nei cieli sia santificato il tuo nome. Venga il tuo regno sia fatta la tua volontà sia in cielo che in terra. Dacci il nostro pane quotidiano e perdona i nostri debiti, come noi perdoniamo i nostri debitori. E non ci indurre in tentazione, ma liberaci dal male.

Preghiamo.

Signore o Dio di tutto il creato.
In questo giorno noi meditiamo e riflettiamo sulla dignità della persona umana, creata a tua immagine e somiglianza, redenta grazie all'amore di tuo Figlio, che si è immolato sulla Croce. Guidaci tramite lo Spirito Santo a vederci come tu ci hai creati e a stare accanto a coloro cui dignità è ferita e negata. Rafforzaci nel desiderio e nell'impegno a far questo in nostro potere per salvarci reciprocamente da azioni degradanti di violenza ed odio così da assicurare a tutti tranquillità e pace per poterti lodare e ringraziare per tutto l'amore che li circonda. Te lo chiediamo tramite Nostro Signore, Gesù Cristo.

> *Risposta:* AMEN

◊   ◊   ◊

Questo giorno di preghiera è per celebrare la Giornata Mondiale dei Diritti dell'uomo, 10 dicembre 2012.

"La sfida morale della crisi ecologica ci riporta alle nostre traduzioni religiose a riflettere sul mondo della natura e a celebrarlo con il suo più profondo senso di mistero come manifestazione ed esperienza del sacro. Noi umani troviamo non solo il nostro spazio ma anche la nostra presenza in questo stupefacente sviluppo."

Earth and Faith: A Book of Reflection for
Action Interfaith Partnership for the Environment

Giorni di preghiera
per l'ambiente

1

Cura della Terra

Il mondo della natura, nella sua più profonda percezione dell'arcano come manifestazione ed esperienza del Sacro.

Sappiamo che la terra è nata ed è sorretta da forze dinamiche che concorrono alla perfezione del nostro pianeta. Noi ci stupiamo della grandiosità con cui fu creata la vita, di cui noi siamo solo una parte.
Ma, proprio quando contempliamo questo meraviglioso mondo, siamo colpiti dall'indifferenza che regna verso il mondo della natura. Sappiamo, cosa mai successa prima, che la terra è soggetta a danni forse irreparabili allo schema primitivo dei metodi di sopravvivenza.

La sfida morale della crisi ecologica ci riporta alle nostre tradizioni religiose, a riflettere sul mondo della natura ed a celebrarlo con il suo più profondo senso di arcano come manifestazione ed esperienza del sacro. Noi umani troviamo non solo il nostro spazio ma anche la nostra presenza in questo stupefacente sviluppo.

Earth and Faith. A Book of Reflection for Action
Intefaith Partnership for the Environment and U.N. Environment Program

◊   ◊   ◊

Le parole con cui ha inizio il Vangelo di Giovanni parlano di un Cristo cosmico:

In principio era il Verbo;
Il Verbo era presso Dio

E il Verbo era Dio.
In principio questi era presso Dio.
Tutto fu fatto per mezzo di lui,
E senza di lui non fu fatto nulla.

Giovanni 1:1-3

L'Eucaristia è la preghiera fondamentale della transustanziazione della Cristianità; essa offre i prodotti della terra tramite i quali Dio si incarna:

Benedetto sia tu, o Signore, Dio di tutto il creato.
Tramite la tua bontà noi offriamo questo pane,
che la terra ci ha dato e che le mani dell'uomo hanno fatto.
Diventerà per noi pane di vita.

Il Messale Romano

La tradizione cristiana ammonisce in maniera chiara ed inequivocabile contro l'uso sbagliato che l'uomo infligge al creato e alle creature.

Dio concede al genere umano di servirsi
Di quanto è nobile ed umile nel creato.
Se questo privilegio viene usato male,
la giustizia divina farà sì che il creato punisca l'uomo.

Hildegard of Bingen

Noi ci ritroviamo moralmente poveri quando, per la prima volta, ci troviamo di fronte alla cessazione irreversibile del funzionamento della terra nei suoi maggiori sistemi vitali. Dal punto di vista morale siamo abituati a gestire il suicidio, l'omicidio e persino il genocidio, ma siamo impotenti quando ci confrontiamo con il "biocidio" con la distruzione dei sistemi vitali della terra e con il "genocidio", cioè la devastazione della terra stessa.

Thomas Berry, 1996

Oggi il grande dono della Creazione Divina è esposto a gravi pericoli e a stili di vita che possono degradarlo. In particolare l'inquinamento ambientale rende insostenibile la vita dei poveri del mondo… Noi dobbiamo impegnarci ad avere cura del Creato e a condividere con il prossimo le sue risorse.

Benedetto XVI

Il mondo non è qualcosa di irrilevante, materiale grezzo da utilizzare semplicemente quando ci occorre. Piuttosto esso è parte del piano divino in cui noi tutti siamo predestinati ad essere figli tramite l'unico Figlio di Dio, Gesù

Cristo. (Lettera di San Paolo agli Efesini 1:4-12). La preoccupazione che in molte parti del mondo l'ambiente è in pericolo è rafforzata dalla speranza cristiana, che ci impegna ad operare in modo responsabile per la protezione del Creato. La relazione tra l'Eucaristia ed il mondo ci permette di percepire l'unità del disegno divino e di cogliere la profonda relazione tra il Creato e la "nuova Creazione" iniziata con la resurrezione di Cristo, nuovo Adamo.

Benedetto XVI, Sacramentum Caritatis, 2007, n. 92

Il rispetto per la vita e per la dignità della persona umana si estende anche al resto del Creato, che è chiamato ad unirsi al genere umano nel lodare Dio.

Giovanni Paolo II, 1990 Messaggio per
la Giornata Mondiale della Pace, n.16

◊   ◊   ◊

Canto dell'anima che gode della conoscenza di Dio per fede

San Giovanni della Croce

Bene, vedo la sorgente che zampilla,
Anche se c'è buio!

Questa sorgente eterna e profonda.
Ebbene io so da dove scaturisce,
Anche se è notte!

Nella notte oscura di questa vita,
La fede mi ha mostrato dove sta questa sorgente,
Anche se c'è buio!

Non so da dove scaturisce, non ha origine,
Ma so che tutto proviene da essa,
Anche se c'è buio!

E so che non ci può essere niente di più bello,
I cieli e la terra si dissetano là,
Anche se c'è buio!

So che non ha letto,
E che nessuno può attraversarla,
Anche se c'è buio!

Il suo splendore non è mai oscurato,
E so che tutta la luce proviene da essa,
Anche se c'è buio!

La corrente di questa sorgente
So che è ampia e possente,
Anche se c'è buio!

E da queste due scorre un altro corso d'acqua,
E so che l'una non precede l'altra,
Anche se c'è buio!

So che tu vivi in una sola acqua,
E che una nutre l'altra,
Anche se c'è buio!

Questa sorgente eterna si nasconde
Dentro questo pane vivo per darci la vita,
Anche se c'è buio!

Egli chiama le creature verso questa luce,
Ed esse bevono quest'acqua, anche se c'è buio,
Anche se è notte!

Io desidero questa sorgente di vita,
Io la vedo qui dentro questo pane che dà vita,
Anche se c'è buio!

◊   ◊   ◊

Quando maltrattiamo il mondo della natura, svalutiamo la nostra dignità e sacralità. Non solo perché distruggiamo le risorse necessarie alle generazioni future, ma perché non ci comportiamo secondo i principi di fratellanza e solidarietà. La nostra tradizione ci chiama a proteggere la vita e la dignità della persona umana ed è sempre più chiaro che questo compito non può prescindere dalla cura e dalla difesa di tutto il creato.

Rinnovamento della Terra: Invito alla Riflessione
ed all'Azione per quanto concerne l'Ambiente
alla luce dell'Insegnamento Sociale Cattolico, 1991, 2.

Come individui, come istituzioni, come popolo, abbiamo bisogno di cambiare per presentare e proteggere il pianeta per i nostri figli e per le future generazioni.

Rinnovamento della Terra: Invito alla Riflessione
ed all'Azione per quanto concerne l'Ambiente
alla luce dell'Insegnamento Sociale Cattolico, 1991, 3.

◊   ◊   ◊

Preghiera per simboli

Acqua:

Protezioni delle sorgenti di acqua dolce.
Protezione degli oceani, dei banchi corallini, delle zone costiere e delle isolette.

Aria:

Protezione dell'atmosfera combattendo i cambiamenti climatici e l'inquinamento atmosferico globale.

Suolo:

Conservazione della biodiversità.
Lotta alla deforestazione ed alla desertificazione.
Protezione delle risorse della terra dal sovraccarico di azoto.

◊   ◊   ◊

"La luce ed il buio, il vento ed il fuoco, l'acqua e la terra, l'albero ed i suoi frutti parlano di Dio e sono simbolo sia della grandezza di Dio sia della sua vicinanza a noi."

Catechismo della Chiesa Cattolica, n. 1147

Preghiamo:

Dio del sole e della luna,
delle montagne, dei deserti e delle pianure,
Dio dei potenti oceani, dei fiumi, dei laghi e dei corsi d'acqua,
Dio di tutte le creature che vivono nei mari e che volano nel cielo,
Di tutte le cose viventi che crescono e si muovono su questa sacra Terra.

Cristo ci ha plasmati nel tuo popolo,
Chiamato a portare il mondo nel tuo splendore.
Come Corpo di Cristo, siamo messaggeri di vocazione ecologica,
A noi è affidato il compito di occuparci di questa terra che tu hai creato.

Aiutaci ad amarla e rispettarla,
A riparare quanto abbiamo danneggiato,
Ad occuparci di ciò che tu hai fatto buono e santo,
Dacci la saggezza e la volontà di cambiare le nostre menti, i
Nostri cuori ed il nostro modo di operare.

Facci semi di senape nel nostro mondo
Portando un cambiamento ecologico che cresca e si estenda in
Ogni angolo della terra.
Per noi ora e poi per le generazioni a venire
Noi ti preghiamo tramite Cristo, nostro Signore. Amen

Catholic Earthcare Australia, 2002.

◊　◊　◊

Cosa possiamo fare

• Non mangiare carne il 5 giugno.
• Seguire le problematiche sull'ecologia sui quotidiani, sulle riviste, alla radio ed alla televisione.
• Piantare alberi o siepi per combattere i gas da serra che si trovano nell'atmosfera.
• Ridurre i consumi e riciclare.
• Cambiare le lampadine con quella a basso consumo energetico.
• Godere della natura e vivere in armonia con essa.

◊　◊　◊

Siti:

United Nations Environment Program
www.unep.org

Catholic Coalition on Climate Change
www.catholicsandclimatechange.org

Ecological Internet
www.ecologicalinternet.org

◊　◊　◊

Questo giorno di preghiera è per celebrare la Giornata Mondiale dell'Ambiente 5 giugno 2009.

2

Tutti voi che avete sete, venite a bere

Isaia 55:1

"Noi non laviamo il sangue con il sangue, ma con l'acqua"

Proverbio turco

L'importanza sacra dell'acqua

L'acqua non è solo indispensabile per la vita sulla terra, ma ha anche un ruolo importante nei riti e nelle credenze di molte religioni del mondo. L'acqua è la prima particella elementare della vita; senza di essa non ci può essere vita. L'acqua purifica e lava il corpo e l'anima. Entrambi conferiscono all'acqua prestigio simbolico e quasi divino. L'acqua è presente nei riti religiosi e nelle cerimonie.

L'acqua è presente nei riti delle maggiori religioni. Nel Buddismo essa viene usata durante i funerali. Una ciotola ricolma d'acqua è posta davanti ai monaci e al corpo del defunto.

Nel mondo cristiano l'acqua viene usata nel battesimo. Il battezzando viene totalmente o parzialmente immerso nell'acqua oppure alcune gocce d'acqua vengono versate sul capo. Nel battesimo l'acqua è simbolo della purificazione del corpo e della ricusazione del peccato. Nel Nuovo Testamento l'acqua è "l'acqua della vita," simbolo di vita eterna.

Nell'Induismo è la fonte principale di purificazione dell'anima. Per gli Indù ogni acqua è sacra, specialmente quella dei fiumi. I sette fiumi sacri (Gange, Godavari, Kaveri, Narmada, Sarasvati. Sindu e Yasmura) rendono uguali i fedeli. Prima di entrare nel tempio, essi devono immergersi in una fonte vicina. I funerali sono celebrati vicino ai fiumi. Acqua viene versata sulla pira ardente per non fare fuggire l'anima. Alcuni giorni dopo le ceneri sono dispersi in un fiume sacro.

Anche nell'Islam l'acqua è simbolo di purificazione. La religione islamica prevede tre abluzioni. La prima serve per purificare il corpo completamente; è obbligatoria dopo i rapporti sessuali ed è consigliata prima di toccare il Corano e prima delle preghiere del venerdì. La seconda è obbligatoria prima delle cinque preghiere quotidiane. I Musulmani devono bagnarsi testa, mani, avambracci e piedi. L'acqua per questa abluzione si trova nelle Moschee. Per la terza abluzione, se l'acqua scarseggia, i Musulmani possono purificarsi con la sabbia.

Nella religione ebraica ci si serve dell'acqua per mantenersi cast; le origini dell'acqua si trovano nella Torah.

L'acqua è importante per tutti i tipi di vita ed è essenziale per tenere vive le usanze religiose e culturali.

Jill Tatarski, Loyola University New Orleans

◊ ◊ ◊

Acqua, Acqua, l'Acqua è vita. L'acqua è necessaria ai piccoli.
L'acqua è necessaria alle madri. L'acqua è necessaria agli anziani.
I malati hanno bisogno dell'acqua.
Acqua, Acqua, l'Acqua è vita.

Detto Ugandese

◊ ◊ ◊

Dal Libro dei Salmi
Salmo 107 - Ringraziamento

Lodate il Signore, perché è buono.
Il Signore trasformò il deserto in lago,
La terra arida in sorgenti d'acqua.
Là diede dimora a quanti erano affamati,
Ed essi costruirono una città in cui stabilirsi.

Essi seminarono campi e piantarono viti,
Ed ottennero un raccolto abbondante.

Li benedisse ed essi si moltiplicarono;
Né fece diminuire il loro bestiame.
Ed essi furono ridotti a pochi e tribolati per
Oppressioni, sventure e dolori.

Ma il Signore che disprezza i potenti,
E lo fa vagare in un deserto impervio,
Sollevò il misero dalla sua afflizione e
Rese le famiglie numerose come greggi.

Il giusto vede ciò e si rallegra,
Ed ogni malvagità chiude la sua bocca.
Chi è abbastanza saggio da osservare queste cose
E da comprendere la misericordia del Signore.

Lodiamo il Signore perché è buono.

◊   ◊   ◊

Isaia 35:1-4, 6-7

Esultino il deserto e l'arida terra;
Gioisca e fiorisca la steppa.

Essi fioriranno abbondantemente,
E gioiranno con allegro tripudio.

La gloria del Libano sarà data loro,
Lo splendore del Carmelo e del Saron;

Vedranno la gloria del Signore,
Lo splendore del nostro Dio.

Irrobustisci le mani fiacche,
Rafforza le ginocchia vacillanti.

Dite ai cuori impauriti,
Coraggio, non temete! Ecco il Vostro Dio.

Allora si schiuderanno gli occhi ai ciechi,
Le orecchie dei sordi si apriranno;

Allora lo zoppo salterà come un cervo,
Allora la lingua del muto griderà di gioia.

Le acque scaturiranno nel deserto,
E i fiumi scorreranno nella steppa.

L'arida sabbia diventerà una palude,
E la terra arida diventerà sorgente d'acqua;

I luoghi dove riposano gli sciacalli
Diventeranno canneti e giuncaie.
Il deserto e la terra esulteranno.

◊   ◊   ◊

Qualche volta io non mangio per dare l'acqua ai miei nipoti. L'acqua è più importante del cibo. Tra non molto dovremo bere aria.

Donna del Ghana

◊   ◊   ◊

Dal Libro dei Salmi
Salmo 36:6-10 – Malvagità umana e bontà divina

O Signore, la tua misericordia raggiunge i cieli;
La tua fedeltà alle nubi.

La tua giustizia è come i monti di Dio;
Il tuo giudizio è come l'abisso immenso;
O Signore, tu salvi uomini e fiere.

O Dio, quant'è ricca la tua misericordia!
I fanciulli cercano rifugio all'ombra della tua casa;

Tu li disseti al torrente delle tue delizie.

Poiché presso di te è la fonte della vita,
E nel tuo splendore noi vediamo la luce.

◊   ◊   ◊

L'acqua è vita e poiché noi non abbiamo acqua, la nostra vita è infelice.

Kenya

◊   ◊   ◊

Lettura dal Vangelo di Giovanni 4:7-15

Era circa mezzogiorno; quando una Samaritana venne ad attingere acqua, Gesù disse: "Dammi da bere." La Samaritana gli disse: "Tu sei un giudeo. Come mai mi chiedi di darti dell'acqua." Gesù replicò: "Se tu riconoscessi il dono di Dio, e chi è colui che telo chiede, glielo avresti chiesto tu, invece, ed egli ti avrebbe dato acqua di vita." "Signore, gli dice sfidandolo, non hai neppure un secchio ed il pozzo è profondo. Da dove ti aspetti di prendere quest'acqua di vita? Certamente tu non sei più grande del nostro padre Giacobbe, che ci diede il pozzo e ne beve lui, i suoi figli e le sue greggi". Gesù rispose: "Chi beve quest'acqua avrà ancora sete. Ma chi berrà l'acqua che gli darò io, non avrai mai più sete; no, l'acqua che io gli darò, diventerà in lui una sorgente che zampilla verso la vita eterna."

Risposta: Parola di Dio

◊   ◊   ◊

Preghiera di supplica

Dio misericordioso, ascolta le nostre preghiere.
Ascolta il grido di chi oggi ha sete
Di acqua incontaminata ...
Di cibo ...
Di un rifugio sicuro ...
Di prosperità ...
Di giustizia ...
Di pace ...
Dacci il coraggio di rispondere alla tua chiamata. Amen.

◊   ◊   ◊

Preghiamo

Dio della vita, Dio di tutti coloro che percorrano miglia per attingere l'acqua, Dio di coloro la cui unica sorgente è contaminata, e porta morte, non vita. Possa l'acqua, limpida e vivificante, essere a disposizione di ogni creatura vivente. Possa quel sogno fare passi avanti. Che sia fatta la tua volontà. Amen.

◊   ◊   ◊

Il periodo 2005-2015 è stato proclamato dalle Nazioni Unite Decade Internazionale del programma "Acqua per la vita"

Per informazioni:
un.org/waterforlifedecade

◊   ◊   ◊

Informazioni riguardanti l'acqua nel mondo

• Una persona su sei non ha acqua potabile.

• Il doppio non usufruisce di misure igieniche.

• In 80 paesi, dove vive il 40% della popolazione mondiale, c'è grave carenza d'acqua.

• Uno sciacquone negli Stati Uniti consuma la stessa quantità d'acqua che una persona comune di un paese in via di sviluppo consuma ogni giorno per bere, cucinare, lavarsi e pulire.

• Due milioni di persone – specialmente bambini – muoiono ogni anno per malattie trasmesse e diffuse tramite l'acqua.

◊   ◊   ◊

Questo giorno di preghiera è stato dedicato alla Giornata Mondiale per l'Ambiente, 5 giugno 2010.

3

Dio vide che tutto quello che aveva fatto era buono

Nell'evoluzione, pacifica e tacita, ma ricca di vitalità, del Creato continua a palpitare il diletto iniziale del Creatore.

Giovanni Paolo II

C'è la crescente consapevolezza che la pace del mondo è minacciata non solo dalle armi, dai conflitti di razza e territoriale e dalle ingiustizie persistenti tra popoli e nazioni, ma anche dal mancato rispetto verso il creato, dal saccheggio delle risorse naturali e dal progressivo declino della qualità della vita.

Giovanni Paolo II

◊   ◊   ◊

Dal Libro dei Salmi
Salmo 104:1-9 – Meraviglie del Creato

Benedici il Signore, anima mia.
O Signore, mio Dio, tu sei davvero grande. Tu sei vestito di maestà e splendore,
Avvolto di luce come in un manto. Tu hai disteso
i cieli come una tenda;
hai costruito la tua dimora sulle acque.

Tu fai delle nubi il tuo carro;

tu cammini sulle ali del vento.

Tu fai i venti tuoi messaggeri, e i fuochi guizzanti tuoi ministri.
Tu hai fissato la terra sulle fondamenta, per non farla vacillare; con
l'oceano, per mantello, tu la copristi; sopra le montagne stavano le
acque.

Al tuo rimprovero esse fuggirono, al fragore della Tua ira
esse si avviarono precipitosamente;
salendo per monti e discendendo per valli raggiungendo
il posto che tu avevi assegnato loro.

Tu tracciasti un limite da non oltrepassare, affinché non ricoprissero di
nuovo la terra.

◊ ◊ ◊

*Nel Libro della Genesi, dove Gesù si rivela per la prima volta all'Uomo, sta
scritto: "E Dio vide che tutto quello che aveva fatto era buono." (Genesi 1:3)*

Giovanni Paolo II

◊ ◊ ◊

Dal Libro dei Salmi
Salmo 104:10-18 – Meraviglie del Creato

Tu fai scaturire sorgenti nelle valli che serpeggiano
tra i monti
E dai da bere a tutte le bestie del campo, affinché
le bestie feroci plachino la loro sete.

Lungo il loro corso abitano gli uccelli del cielo;
di mezzo alle fronde emettono il loro canto.
Dalla tua dimora tu dai acqua alle montagne;
la terra è piena dei frutti della Tua opera.
Tu fai crescere il fieno per il bestiame ed il cibo per noi.

Dalla terra produci il pane ed il vino per allietare i nostri cuori, cosicché
i nostri visi luccicano per l'olio ed il pane dà vigore a tutto.

Sono ben irrigati gli alberi del Signore, i cedri del Libano,
che egli ha piantati;

là gli uccelli fanno il loro nido; sugli abeti la cicogna fa il nido.
Le alte montagne sono per i camosci; e le rocce
sono rifugio dei tassi.

◊   ◊   ◊

Se l'uomo non è in pace con Dio, allora la terra stessa non può aver pace:
"Quindi la terra piange e tutti coloro che l'abitano si struggono ed anche le
bestie dei campi e gli uccelli dell'aria e persino i pesci del mare periscono."

Osea 4:3

◊   ◊   ◊

Dal Libro dei Salmi
Salmo 104:19-26 – Meraviglie del Creato

Tu facesti la luna per segnare le stagioni; il sole
Che conosci il suo tramonto.
Tu porti la tenebra ed è notte; allora tutti gli animali
della foresta vagano.

I giovani leoni ruggiscono in cerca di preda e chiedono a Dio il cibo.
Al sorgere del sole, essi si ritirano e rimangono tranquilli nelle tane.
L'uomo esce per il suo lavoro e per la sua fatica fino a sera.

O Signore, quanto sono numerose le tue opere.
Tu le hai fatte tutte con la Tua sapienza, la terra è piena
delle tue creature.

Anche il mare, grande e spazioso, in cui ci sono innumerevoli creature,
piccole e grandi, e che le navi solcano
insieme ai Leviathan che tu hai formato
per trastullarsi.

Dal Libro dei Salmi
Salmo 104:27-35 – Meraviglie del Creato

Tutti si aspettano da Te il cibo a tempo opportuno.
Quando glielo dai essi lo raccolgono;
quando glielo dai, essi lo raccolgono;
quando tu apri la mano, essi si riempiono di cose buone.
Se tu nascondi il viso, essi sono sgomenti;

se tu togli loro il respiro, essi muoiono e ritornano polvere.
Quando tu mandi il tuo spirito, essi sono creati e tu rinnovi
la faccia della terra.

Che la gloria del Signore duri per sempre; possa il Signore
compiacersi delle sue opere.
Egli guarda la terra ed essa sussulta;
tocca i monti e questi fumano.
Inneggerò al Signore finché avrò vita;
in vita canterò le lodi al mio Signore.

La mia meditazione sia gradita a Dio; gioirò nel Signore.
Spariscano dalla terra i peccatori, e che non ci siano più gli empi.
Benedici il Signore, anima mia. Alleluia.

Gloria al Padre, al Figliolo ed allo Spirito Santo.
Ora e sempre nei secoli dei secoli. Amen

◊ ◊ ◊

*Si ha maggiore consapevolezza dei problemi riguardanti l'ecologia che non
devono essere sottovalutati; ma si deve incoraggiare lo sviluppo di progetti ed
iniziative concreti.*

Giovanni Paolo II

◊ ◊ ◊

Lettura dall'Apocalisse 21:5-6

*E Colui che sedeva sul trono disse: "Ecco faccio nuove tutte le cose!" Poi
aggiunse: "Scrivi, perché fedeli e veraci sono queste parole." Ed ancora: "Tutto
è compiuto. Io sono l'Alfa e l'Omega, il Principio e la Fine. A colui che ha sete
darò da bere gratuitamente dalla sorgente dell'acqua di vita.*

Preghiamo

Dio d'amore, ascolta la nostra preghiera affinché:
noi riconosciamo la bellezza e la bontà del Creato.
Noi concorriamo con coraggio alla protezione del Creato.
Noi celebriamo con saggezza le meraviglie del Creato.

Sii benedetto tu, o Dio, Creatore dell'universo, che hai fatto tutte le cose
buone e ci hai dato la terra per prendercene cura, Concedici di poterci

sempre servire del creato con riconoscenza e condividere i tuoi doni con chi ha bisogno.

Te lo chiediamo in nome di Cristo, Nostro Signore. Amen.

◊   ◊   ◊

Il segno più profondo ed importante del coinvolgimento morale, che è alla base del problema ecologico, è il mancato rispetto per la vita, palese in molti tipi di inquinamento ambientale. Spesso la legge del profitto prevale sull'interesse rivolto alla dignità dei lavoratori, mentre gli interessi economici hanno la precedenza sul bene dell'individuo e persino su quello di popolazioni intere. In questi casi l'inquinamento o la distruzione dell'ambiente sono il risultato di una visione anormale e limitata, che a volte porta ad un autentico disprezzo delle persone.

Giovanni Paolo II

Oggi la crisi ecologica è di proporzioni tali da richiedere l'impegno di ognuno… Voglio ripetere che la crisi ecologica è un problema morale.

Giovanni Paolo II

◊   ◊   ◊

Agite!

Greater Washington Interfaith Power and Light
gwipl.org

The Green Directory
thegreendirectory.com.au

United Nations Environment Program
unep.org

◊   ◊   ◊

Il contenuto di questo libretto è tratto da Peace with God the Creator, Peace with All of Creation *di Giovanni Paolo II, 1 gennaio 1990*

◊   ◊   ◊

Questo giorno di Preghiera è stato indetto per la Giornata Mondiale dell'Ambiente, 5 giugno 2011.

4

La foresta pluviale: riserva di vita

• Una volta le foreste pluviali coprivano il 14% della superficie solida della terra; adesso esse ne coprono il 6% e gli esperti pensano che le ultime foreste pluviali che restano si esauriranno in meno di 40 anni.

• Quasi la metà delle specie vegetali del mondo, delle specie animali e di quelle dei microorganismi saranno annientate o minacciate seriamente nei prossimi 25 anni a causa della deforestazione.

• Un acro di foresta pluviale ha oltre 750 tipi di alberi ed oltre 1500 specie di piante ad alto fusto.

• Circa l'80% del nutrimento del mondo industrializzato proviene dalle foreste tropicali.

• Come spariscono molte specie della foresta pluviale, così avviene per i farmaci usati per le malattie che possono essere mortali. Oggi 121 farmaci con prescrizione medica obbligatoria si ottengono da piante.

• Negli Stati Uniti d'America l'Istituto Nazionale della Lotta al Cancro ha identificato 3000 piante con principi attivi contro le cellule cancerogene. Il 70% di esse si trova nella foresta pluviale. Il 25% degli ingredienti attivi presenti nei farmaci anti-cancro proviene da organismi che si trovano solamente nella foresta pluviale.

• Circa 500 anni fa, nella foresta pluviale amazzonica, vivevano approssimativamente 10 milioni di nativi – oggi ne sono rimasti meno di 200.000.

• La foresta amazzonica è stata considerata "I Polmoni del Pianeta" perché trasforma continuamente l'anidrite carbonica in ossigeno. Là si produce più del 20% di ossigeno.

• Invece di abbattere la foresta pluviale per ricavarne pascoli per il bestiame oppure legname, bisogna mantenerla intatta e raccogliere i numerosi acheni, le piante olearie e le piante officinali per averne un considerevole ritorno economico.

• Trattata in modo corretto, essa può fornirci per sempre di risorse vitali.

Tratto da Rainforest Facts a www.rain-tree.com/facts

◊   ◊   ◊

**Il Signore è il mio pastore; nulla mi mancherà.
In pascoli verdeggianti mi fa riposare.**

Dal Libro dei Salmi
Salmo 1:1-3 – Il giusto, l'uomo veramente felice.

Beati coloro che non seguono i consigli degli empi,
né camminano con i peccatori, né siedono con gli insolenti.
Ma godono della legge del Signore e in essa meditano giorno e notte.
Essi sono come alberi piantati lungo rivi d'acqua,
che danno frutto secondo le stagioni,
e le cui foglie non appassiscono mai.

Il Signore è il mio pastore; nulla mi mancherà. In pascolo verdeggianti mi fa riposare.

**Egli mi conduce ad acque rigeneranti;
Egli rinfranca la mia anima.**

Proverbi 3:13-20

Beato l'uomo che trova la sapienza, l'uomo che ha l'intelligenza.
Poiché il guadagno che ricava da questa è migliore del guadagno dell'argento,
Ed il suo frutto è migliore dell'oro. Essa è più preziosa delle perle e quanto non l'eguaglia.

Lunga vita è nella sua destra, ricchezze ed onori nella sinistra;
le sue vie sono piacevoli e tutti i suoi sentieri sono pace;
e albero di vita per chi si aggrappa, ed è migliore dell'oro.
Essa è più preziosa delle perle e quanto possiedi non l'eguaglia.

Lunga vita è nella destra, ricchezze ed onori nella sinistra;
le sue vie sono piacevoli e tutti i suoi sentieri sono pace;
E' albero di vita per chi si aggrappa,
ed è felice chi la tiene saldamente.

Il Signore ha creato la terra con sapienza, ha sostenuto i cieli con
l'intelligenza:
Grazie alla sua scienza apre gli abissi, e le nuvole stillano rugiada.

Egli mi conduce ad acque rigeneranti; egli rinfranca la mia anima.

◊   ◊   ◊

Ascolti la terra e ciò che la popola

Isaia 34:8-11

Perché il giorno della vendetta del Signore,
l'anno della ricompensa per il difensore di Sion.
I corsi d'acqua di Edom si tramuteranno in pece e la sua polvere in
zolfo,
E il suo paese diventerà pece ardente.
Non si spegnerà né giorno né notte,
Il suo fumo salirà sempre.

Rimarrà arido di generazione in generazione,
Nessuno vi passerà più.
Invece vi si stabiliranno il pellicano e la civetta,
Vi abiteranno il gufo ed il corvo.
Il Signore vi stenderà un filo a piombo
Perché essa sia un deserto desolato dimora di satiri.

Ascolto la terra e ciò che popola.

◊   ◊   ◊

Da milioni di anni le foreste pluviali sono in continua evoluzione ed
incredibilmente sono diventate un ambiente complicato. Sono il magazzino
delle risorse naturali rinnovabili che, da tempo incommensurabile, grazie
alla ricchezza sia di specie animali sia di specie vegetali, contribuiscono
alla sopravvivenza ed al benessere del genere umano con l'abbondanza
di risorse. L'attività interna della foresta tropicale è un sistema fragile e
complicato così interdipendente che sconvolgerne una parte può causare

danni di cui non abbiamo cognizione oppure persino alla distruzione totale.

Il grado di pressione esercitata dall'uomo sugli ecosistemi è enorme. Dal 1980 l'economia globale si è triplicata e la popolazione mondiale è aumentata del 30%. Sono aumentati i consumi a svantaggio degli ecosistemi.

◊   ◊   ◊

Il problema ecologico non deve essere affrontato solo a causa delle prospettive spaventose che la distruzione dell'ambiente comporta; piuttosto deve essere uno stimolo forte verso una solidarietà globale autentica.

Concilio Pontificio per la Giustizia e la Pace, 2005 n. 486

◊   ◊   ◊

La terra e tutto quanto è su di essa appartiene a Dio

Giobbe 14:7-9

Per l'albero c'è una speranza, se viene abbattuto,
germoglia di nuovo e i suoi germogli non vengono meno.
Anche se le radici invecchiano sotterra,
Ed il tronco muore nella polvere,
Eppure al primo spruzzo d'acqua rinverdisce
E mette rami come una pianta giovane.
La terra e tutto quanto è su di essa appartiene a Dio.

Lettura: Giacomo 3:13-18

Se uno di voi è saggio e comprensivo, lo dimostri in pratica con l'umiltà piena di buon senso. Se, al contrario, dovesse nutrire in petto invidia amara ed ambizione egoistica, eviti almeno di dire cose false ed arroganti contro la verità. Una sapienza di questo genere non viene dall'alto. E' terrena, animalesca e demoniaca. Dov'è, infatti, invidia ed ambizione egoistica, là c'è caos ed ogni tipo di azione esecrabile. Al contrario, la saggezza che viene dall'alto è soprattutto esente dal male. E' anche portatrice di pace, benevola, docile, colma di misericordia e di atti meritevoli, suoi frutti, giusta e genuina. Il frutto della giustizia viene seminato in tempo di pace.

Risposta: Parola di Dio

◊   ◊   ◊

La deforestazione su vasta scala porta gravi conseguenze – inquinamento dell'aria e dell'acqua, erosione del suolo, epidemie, rilascio nell'aria di anidrite carbonica, lo spostamento e la decimazione di tribù indigene e la perdita della biodiversità tramite l'estinzione di piante ed animali. Avere meno foreste significa avere meno piogge, meno ossigeno per respirare e l'aumento del riscaldamento globale.

◊   ◊   ◊

Preghiere di Supplica

Dio Creatore, con la tua benevolenza dacci la forza di rispettare e di prenderci cura della tua creazione.
Con il tuo aiuto, non possiamo fallire.
Dio Creatore, aiutaci a porre fine alle sofferenze dei poveri e a curare Tutto il Creato.
Con il tuo aiuto non possiamo fallire.

Preghiera

Benedetto sia tu, Dio, Creatore dell'Universo, che hai fatto buone tutte le cose e che ci hai affidato la terra perché ne avessimo cura. Che noi possiamo condividere ciò che abbiamo con chi si trova nel bisogno ed essere buoni amministratori della terra di Dio e dei suoi frutti. Concedi a noi di servirci sempre delle cose create con gratitudine e di condividere i tuoi doni con chi si trova nel bisogno, proprio per amore tuo.
Amen.

◊   ◊   ◊

Considerazioni su cui riflettere

Possiamo e dovremmo continuare ad usare i combustibili fossili non rinnovabili come facciamo adesso? Oppure i danni ambientali, che causiamo oggi, ci porteranno a servirci dell'energia eolica e solare che non danneggiano l'ambiente?

Vediamo collegamento con l'accoglienza di persone e di altre creature? C'è un collegamento tra le relazioni di una comunità e il procurarsi ambienti naturali per ripararsi e proteggersi?

Consideriamo le nostre case come dimora di Dio, come un luogo sano e sacro?

Non dovremmo prestare maggiore attenzione a vivere in maniera tale da portare frutti in Cristo e nella protezione delle nostre foreste?

◊   ◊   ◊

Questa giornata di preghiera è stata disposta per celebrare la Giornata Mondiale per l'Ambiente, 5 giugno 2012.

5

Il vento: Simbolo dello Spirito Santo

Se il vento nasce a Nord, soffierà verso Sud. Se nasce a Nord-Est, soffierà verso Sud-Ovest. Soffia sempre nella direzione opposta a quella di provenienza. Quando Gesù descriveva il vento nel Vangelo di Giovanni 3:8, non parlava di un vento comune, ma del vento ("Fresca Brezza") dello Spirito Santo.

> *"Il vento soffia dove vuole, tu senti il suo sibilo, ma non sai da dove viene né dove va; così è nato dallo Spirito Santo."*
>
> *Giovanni 3:8*

◊   ◊   ◊

Vieni Spirito Santo, riempi i cuori dei tuoi fedeli ed alimenta in essi la fiamma del tuo amore. Invia il tuo Spirito, affinché essi siano creati. E tu rinnoverai la faccia della terra.

Vieni, o Spirito Santo, con il tuo sibilo
Veloce, simile a vento;
Vieni dal cielo e scuoti i nostri cuori,
Forgia le nostre azioni secondo la tua volontà,
Per servirti;
Sprona i nostri simili
A cambiare adesso il nostro stile di vita.

Vieni, o Spirito Santo, con la tua fiamma,
con tremolanti lingue di fuoco;

Vieni, e con il tuo splendore,
Consiglia le nostre menti!
Posati sulla testa di ciascuno
Mentre parla di Nostro Signore, il Santo
Che la terra cerca.

Vieni, o Spirito Santo, a colmare la tua Chiesa,
rafforzando il nostro apostolato;
Colma i tuoi figli e le tue figlie
Di grande sagacia,
Fino al grande glorioso giorno
Quando tutto il Creato
Ti renderà lode come Padrone e Signore,
Portatore di salvezza.

Il vento è aria che si sposta orizzontalmente sulla superficie terrestre. Il vento è perché il sole non riscalda la superficie della terra in modo uniforme. L'aria più fredda riempie il vuoto lasciato dall'aria calda che sale. Il vento è terso, non soggetto a regole, autoctono ed inesauribile.

Dal Libro dei Salmi
Salmo 135:5-7 – Buono è il Signore!

Perché io so che il Signore è grande;
Il nostro Signore è più grande di tutti gli dei.
Tutto ciò che il Signore vuole, lo fa in cielo ed in terra;
Nei mari ed in tutti gli abissi.

Egli fa salire le nubi tempestose dalle estremità della terra;
Con le folgori produce la pioggia;
Fa uscire i venti dalle sue riserve.

Gloria sia al Padre …

(Breve meditazione dopo ogni citazione)

Come il vento, lo Spirito Santo è padrone.

"Tutte queste sono l'opera di un unico e medesimo Spirito"

I Corinzi 12:11

Come il vento, lo Spirito Santo è invisibile.

"Il vento soffia dove vuole. Sento il suo sibilo, ma non sai da dove proviene e dove va. Così è per coloro nati dallo Spirito Santo."

Giovanni 3:8

Come il vento, lo Spirito Santo è necessario.

*"Nessuno può entrare nel Regno di Dio se non è nato
Dall'acqua e dallo Spirito Santo."*

Giovanni 3:5

Come il vento, lo Spirito Santo dà vita.

*"Poiché voi siete stati rigenerati non da un seme mortale,
ma da Dio immortale, tramite la parola di Dio che vive e rimane in voi"*

I San Pietro 1:23

Come il vento, lo Spirito Santo è invincibile.

*"Riceverete forza quando lo Spirito Santo verrà su di voi;
e sarete miei testimoni a Gerusalemme ed in tutta la
Giudea e la Samaria e fino alle estremità della terra"*

Atti degli Apostoli 1:8

◊   ◊   ◊

*"Che noi possiamo essere protettori del creato, protettori del progetto divino nel
mondo, protettori l'uno dell'altro e protettori dell'ambiente"*

Papa Francesco

◊   ◊   ◊

Dal Libro dei Salmi
Salmo 107:23-32 – Ringraziamento

Quelli che andavano per mare sulle navi,
che commerciavano sulle grandi acque,
questi hanno visto le opere del Signore e
i suoi prodigi nelle profondità del mare.
Al suo comando si alzò un vento di tempesta
Che sollevò in alto le onde marine.
Esse salivano fino al cielo;
sprofondavano fino agli abissi;
i loro cuori languivano nell'affanno.

Essi vacillavano e barcollavano come ubriachi.
Ed ogni loro abilità era svanita,
Gridarono al Signore nella loro angustia;
dalla loro situazione li salvò.
Ridusse la tempesta a dolce brezza,
e le onde del mare si calmarono;
furono pieni di gioia al loro calmarsi,
ed egli li guidò al porto che desideravano.

Ringrazino il Signore per la Sua misericordia
E per i suoi prodigi a vantaggio degli uomini.
Lo esaltino nell'assemblea del popolo
E lo lodino nel consesso dagli anziani.

Sia gloria al Padre ...

Lettura: Isaia 11:2-9

Riposerà su di lui lo Spirito del Signore;
Spirito di sapienza e di conoscenza,
Spirito di ammaestramenti e di forza,
Spirito di conoscenza e di timor di Dio;
E la sua compiacenza troverà nel timor di Dio.
Non giudicherà secondo le apparenze,
Ne darà sentenze per sentito dire
Ma giudicherà i poveri con equità,
e darà sentenze eque a favore dei miseri della terra.
Colpirà lo spietato con la verga della sua bocca
E farà morire l'empio con il soffio delle sue labbra.
La giustizia sarà la cintura dei suoi lombi, e
La fedeltà la cintura dei suoi fianchi.
Allora il lupo abiterà insieme all'agnello ed
Il leopardo giacerà insieme al capretto;
Il vitello ed il leoncino pascoleranno insieme
Un bambino li guiderà.
La vacca e 'orso saranno vicini di casa,
i loro piccoli riposeranno insieme;
il leone mangerà fieno con il bue.
Il lattante giocherà vicino alla fossa del cobra, e
Il bambino metterà la mano nel covo della vipera.
Non si commetterà alcun male.

Mio santo monte;
Poiché la terra è piena della conoscenza
Del Signore come le acque ricoprono il mare.
   Risposta: Parola di Dio

◊   ◊   ◊

Preghiera di ringraziamento (Preghiera dei Nativi Americani)

Il fuoco è mio nonno, il vento è mia nonna, la terra è mia madre ed il Grande Spirito è mio Padre. Alla mia nascita il mondo si fermò e giacque ai miei piedi ed io in punto di morte ingoierò tutta la terra ed io e la terra saremo una cosa sola.

Salve al Grande Spirito, mio padre, senza il quale nessuno potrebbe vivere, perché non ci sarebbe la volontà di vivere. Salve alla terra, mia madre, senza la quale non si produrrebbe il cibo e così morirebbe la voglia di vivere. Salve al vento, mia nonna, perché porta la pioggia che dà vita mietendoci nutrendoci con i nostri raccolti. Salve al fuoco, mio nonno, per la luce, il calore ed il benessere che da senza il quale noi saremo animali, giammai uomini.

Salve al Grande Spirito, alla terra, al vento e al fuoco. Accettate questo umile ringraziamento, questa sincera dimostrazione del mio amore per voi.

◊   ◊   ◊

Preghiera di supplica

Spirito Santo, la cui voce si ode nel vento ed il cui respiro ci da vita, veniamo a te come figli che hanno bisogno della tua salvezza e della tua forza per poterci occupare del Creato in modo corretto.

Concedici di ammirare la bellezza del Creato che ci circonda. Spirito di conoscenza fa che i nostri occhi vedano le meraviglie del Creato.
Facci sentire la tua voce. Spirito forte dacci il coraggio per ascoltare la tua voce.

Rendici saggi per poter comprendere i tuoi insegnamenti. Spirito di saggezza e di conoscenza, apri i nostri cuori e le nostre menti al tuo volere.

Preghiamo

Vieni Spirito del vento. Colma i nostri cuori di saggezza, conoscenza, misericordia, forza, insegnamento e timore di Dio. Aiutaci a servirci di questi doni per costruire un mondo più pacifico e piacevole tramite la solidarietà globale. Te lo chiediamo in nome del Nostro Creatore e Redentore ed eterno amore. Amen

◊ ◊ ◊

Agite!

Exploring green Technology
Exploringgreemtechnology.com

Wind Watch
Wind-watch.org

◊ ◊ ◊

Questo giorno di preghiera è stato preparato per celebrare la Giornata Mondiale dell'Ambiente, 5 giugno 2013

Incontro di preghiera

Il mondo della natura, manifestazione ed esperienza del sacro:
Ulteriori riflessioni sui cambiamenti climatici

7-18 dicembre 2009
Copenhagen, Danimarca

◊ ◊ ◊

Non ereditiamo la terra dei nostri antenati; la prendiamo in prestito dai nostri figli.

Proverbio dei Nativi Americani

◊ ◊ ◊

Siamo consapevoli che la terra è nata ed è sorretta da energie dinamiche sensibili, che concorrono alla perfezione ed all'interezza del nostro pianeta. Ci incontriamo alla magnificenza del suo sviluppo vitale, del quale noi siamo solo una parte.

Eppure proprio nel momento in cui siamo intimoriti da questa meravigliosa apparizione, noi ci stupiamo dell'indifferenza che l'uomo mostra nei confronti della natura. Ora noi sappiamo che la terra è soggetta a danni forse irreparabili per i processi vitali.

La sfida morale della crisi ecologica ci riporta alle nostre tradizioni religiose per riflettere sul mondo della natura e per onorarlo nel suo più intimo e spirituale senso di mistero come manifestazione e conoscenza del sano. In questo meraviglioso sviluppo noi esseri umani non solo abbiamo il nostro spazio, ma partecipiamo anche al sacro.

Come individui, come istituzioni, come un popolo abbiamo bisogno di convertirci per preservare e proteggere il pianeta per i nostri figli e per le generazioni future.

Earth and Faith: A Book of Reflection for Action
Interfaith Partnership for the Environment and UN Environment Program.

◊   ◊   ◊

Dio dà al genere umano sia tutte le cose importanti del creato sia quelle meno importanti affinché ne faccia uso.

Hildegard of Bingen

Dal libro dei salmi
Salmo 104 – Meraviglie del creato

> Lode a Dio, il Creatore
> Benedici il Signore, anima mia!
> Signore mio Dio, quanto sei grande!
> Fai delle nubi il tuo carro;
> Tu cammini sulle ali
> Del vento, tu fai dei venti i tuoi messaggeri,
> e delle fiamme sussultanti i tuoi ministri.
>
> Tu hai fissato la terra alle sue fondamenta, con gli oceani
> Come mantello l'hai coperta.
> Tu facesti scaturire sorgenti in corsi d'acqua che serpeggiano tra
> Le montagne e dissetano tutte le bestie del campo.
> Lungo il loro corso vivono gli uccelli del cielo; di mezzo alle fronde
> Fanno sentire il loro canto.
> La terra è piena di frutti del tuo lavoro.
> Tu fai crescere il fieno per il bestiame,
> e i vegetali per il nostro uso;
> producendo pane e vino dalla terra
> Per allietare i nostri cuori.
>
> Quanto sono numerose le tue opere, o Signore!

Tu le hai fatte tutte con sapienza – la terra
E' piena delle tue creature;
anche il mare, grande ed esteso, dove c'è un numero infinito
di esseri viventi grandi e piccoli.

Tutti si aspettano da te nutrimento a tempo opportuno,
quanto glielo dai essi lo raccolgono;
quando apri la tua mano, essi si saziano di ogni bene.
Se nascondi il tuo volto, essi si intimoriscono; se tu
Togli loro il respiro, essi muoiono ritornando alla polvere.
Quando mandi il tuo soffio, essi sono creati
E rinnovano la faccia della terra. Amen

◊   ◊   ◊

L'ambiente è il dono che Dio ha concesso all'uomo e nell'adoperarlo noi siamo responsabili verso i poveri, verso le generazioni future e verso l'umanità.

Benedetto XVI

◊   ◊   ◊

Dal Libro dei Salmi
Salmo 148 – Tutto il creato lodi il Signore!

Tutto il creato lodi il Signore!
Lodate il Signore dai cieli. Lodati il Signore dalle montagne.
Lodate il Signore voi angeli tutti. Sole e luna lodate il Signore.
Voi tutte stelle scintillanti lodate il Signore.
Voi cieli dei cieli lodate il Signore, e voi acque che state al di sopra dei cieli.
Lodiamo il nome del Signore.
Dio comandò ed essi furono creati.
Dio li creò per sempre ed in eterno e
Assegnò loro un compito che non finirà mai.

Lodate Dio dalla terra, voi creature del mare e di tutti gli abissi.
Fuoco e grandine, neve e nebbia, venti tempestosi che obbedite alla parola di Dio. Voi montagne e tutte voi colline, voi alberi da frutto e voi tutti cedri. Bestie feroci e tutti gli animali miti, rettili ed uccelli.

Voi re della terra e tutti i popoli;
Principi e tutti i giudici della terra.
Voi giovani e voi fanciulli, vecchi e ragazzi lodate il nome del Signore,
perché soltanto il suo nome è sublime.
La maestà di Dio è sopra la terra ed il cielo,
E Dio ha innalzato la potenza del suo popolo.
Sia lode a Dio da tutti i suoi fedeli, dai figli d'Israele,
E dal popolo che gli è vicino. Amen

◊   ◊   ◊

La luce ed il buio, il vento ed il fuoco, l'acqua e la terra, l'albero ed i suoi frutti parlano di Dio e sono l'immagine della sua grandezza e della sua vicinanza a noi.

Catechismo della Chiesa Cattolica n. 1147

◊   ◊   ◊

Cantico delle Creature di San Francesco

Altissimo Signore Onnipotente, Dio Buon Signore,
Tue sono la lode, la gloria, l'onore ed ogni benedizione.
Laudato sii, mio Signore, con tutte le creature: e nostro Fratello Sole.
Che ci porta il giorno e la notte;
Egli è bello e splendente con grande bagliore;
O Signore, egli ci parla di te.

Laudato sii, mio Signore, per Sorella Luna,
E per le stelle che Dio ha posto chiare e belle nei cieli.
Laudato sii, mio Signore, per Fratello Vento,
E per l'aria e le nuvole, per le tempeste ed il sereno,
tramite il quale tu dai sostentamento alle tue creature.

Laudato sii, mio Signore per Fratello Fuoco
Che ci dà luce nella notte.
Egli è bello, piacevole, possente e forte.
Laudato sii, mio Signore per nostra Madre Terra che ci sostenga.

Amen

Supplica

Risposta: "Riducete la quantità di anidrite carbonica"
ACQUA: Proteggete le risorse di acqua dolce. R/
Proteggete gli oceani, la barriera corallina, le aree costiere e le isolette. R/

ARIA: Proteggete l'atmosfera combattendo i cambiamenti climatici e l'inquinamento globale dell'aria. R/

SUOLO: Preservate le biodiversità. R/
Combattete la deforestazione e la desertificazione. R/
Proteggete le risorse della terra da sovraccarico di azoto. R/

◊   ◊   ◊

Preghiamo!

Dio del sole e della luna,
delle montagne, dei deserti e delle pianure,
Dio dei grandi oceani, dei fiumi, dei laghi e dei corsi d'acqua,
di ogni creatura che popola il mare e che vola nei cieli,
di tutti gli esseri viventi che crescono e si muovono su questa sacra
terra.

Da Cristo noi siamo creati come suo popolo,
chiamati ad illuminare il mondo,
come corpo di Cristo, noi siamo messaggeri di vocazione ecologica,
ci viene affidata la cura di questa terra che tu l'hai creata.

Aiutaci ad amarla e rispettarla,
a riparare ciò che abbiamo danneggiato,
a prenderci cura di ciò che hai creato buono e santo,
dacci la saggezza e la volontà di cambiare le nostre menti,
i nostri cuori e il nostro modo di agire.

Fa che in questo mondo noi siamo granelli di senape,
capaci di apportare il cambiamento che permettano lo sviluppo ed
il diffondersi dell'ecologia in ogni angolo della terra.
Te ne preghiamo tramite nostro Signore, Gesù Cristo. Amen

Catholic Earthcare Australia, 2002

◊   ◊   ◊

Siti

United Nations Environment Program
www.unep.org

Catholic Coalition on Climate Change
www.catholicsandclimatechange.org

Ecological Internet
www.ecologicalinternet.org

Climate Map
www.climatehotmap.org

Punti di vista

1

Percorso spirituale
verso un ambiente sostenibile

Principi

• Le radici della crisi ecologica sono collegate al modo in cui gli esseri umani si confrontano sia con il Divino sia con la natura.

• Il cuore dell'uomo tende all'infinito.

• Le cose create non possono sostituire Dio.

• Dio ci ha creato per vivere in armonia con tutto il creato e con Dio Creatore.

• Le società che non comprendono ciò cercano di trattare il desiderio senza freni dell'uomo incoraggiando il consumismo con ogni mezzo possibile.

• La vocazione carmelitana alla meditazione è un percorso verso la saggezza che può guarire sia l'individuo sia il pianeta.

• Il percorso di meditazione dei Carmelitani dà un nuovo assetto alla nostra avidità umana e ci aiuta a raggiungere la felicità senza assecondare continuamente ogni capriccio.

• Il percorso dei Carmelitani può aiutare la gente ad apprezzare la bellezza del Creato ed a trovare il modo di preservarla per il bene delle generazioni future.

◊   ◊   ◊

Introduzione

Il dono che il Carmelo ha ricevuto da Dio (il Carisma Carmelitano) è basato su tre principi: preghiera, comunità e servizio. Questi guidano il cammino di trasformazione spirituale dei Carmelitani e si riuniscono nella meditazione, uno dei principi del nostro carisma.

La realtà nel suo complesso potrebbe essere vista da una prospettiva trinitaria Dio, gli esseri umani e le altre creature (visibili ed invisibili) con mutua compenetrazione, tenuti insieme dalla Potenza Divina, dallo Spirito di Dio origine della realtà che li avvolge e sostiene. Il meditare su questa realtà è un invito a scoprire oppure a rendersi conto dell'amore che intercorre tra Dio, gli esseri umani ed il resto del creato. Tale procedimento richiede una trasformazione spirituale. Pertanto i Carmelitani propongano di quietarla con la preghiera, con la comunità e con il servizio, che sono il percorso verso la meditazione.

L'ecologia è l'attività umana che si occupa dell'amministrazione globale della natura allo scopo di regolare i legami all'interno e tra le creature della terra, dimora di tutto; essa implica di tener conto della grandezza divina di cui spesso ci si dimentica. Crisi ecologica o crisi ambientale vuol dire che è a rischio l'amministrazione globale di tali legami e relazioni. La crisi è dovuta a tanti fattori tra i quali la disattenzione verso la grandezza divina della realtà, la qual cosa è evidente nel modo in cui ci comportiamo noi delle società occidentalizzate. Le radici della crisi ecologica si legano al rapporto che gli esseri umani hanno con il Divino e con la natura. Se è così, l'importanza che i Carmelitani accordano alla meditazione può considerarsi la via fondamentale per riscoprire la grandezza Divina della Verità. Perciò la preghiera, la comunità ed il servizio sono modi efficaci per risanare la natura.

Le radici spirituali della crisi ecologica

Per capire il nesso tra ecologia ed Apostolato carmelitano occorre considerare la meditazione come un cammino spirituale intimamente legato al percorso che l'uomo fa verso il completamento del suo modo di essere – sia nei lati positivi sia nei negativi. Questo è il percorso che porta l'uomo alla maturità affettiva, intellettiva e sessuale. Queste tre componenti della vita umana si devono considerare parti del desiderio di trasformazione presente in tutti. A questo percorso verso l'integrazione i Carmelitani uniscono il proponimento di vivere obbedendo a Gesù Cristo. Noi crediamo che Dio ci ha creati per vivere e difendere la relazione armoniosa esistente tra Dio e tutto il Creato. Dobbiamo comprendere che l'attuale crisi ecologica è causata dall'uomo e non semplicemente dalla tecnica e dalla scienza, come se i problemi ecologici fossero soltanto questioni legate all'innovazione tecnologica. Non basta per servirsi di tecnologie "pulite." Se così fosse, non parleremmo di crisi.

L'attuale crisi ecologica, messa in evidenza dai cambiamenti climatici, l'impoverimento delle risorse energetiche ed il crescente divario tra i più ricchi e i più poveri, sembra che abbia avuto inizio con una crisi in seno agli esseri umani. Il secolo scorso è stato testimone di cambiamenti sociali molto significativi. Da parte nostra la cognizione esalta di ciò che significa essere "umano" è cambiata notevolmente. Dal considerarci creature dotate di ragione, autosufficienti e libere, in grado di scegliere ciò che di meglio consideravamo adatto a ciascuno di noi siamo arrivati alla considerazione che l'essere umano è sempre insoddisfatto. Adesso ci si aspetta che la tecnologia, come una balia amorevole, ci venga incontro in ogni necessità e desiderio. Come conseguenza del grande sviluppo nel campo della tecnologia abbiamo potuto compiere passi straordinari per trasformare la natura e per valorizzare e migliorare la qualità della vita. Le nostre aspettative sono cresciute e spesso crediamo che la tecnologia ci può concedere senza indugio ciò che desideriamo. Grazie alle crescenti conoscenze scientifiche, oggi la vita è più comoda e più sana. Tuttavia modelli economici e culturali, che hanno portato ad un particolare stile di vita, quello tecnocratico occidentalizzato, si sono impadroniti dello sviluppo tecnologico. Molte società occidentali hanno vari mantra: "sviluppati o muori"; "se sei infelice, esci e compra qualcosa"; "quantità ed abbondanza", che li guidano. Così dimentichiamo i tradizionali ritmi umani e di cicli della natura. Sembra che non siano in grado che il modello tecnocratico dello sviluppo umano è una struttura umana e non una forza incontrollabile della natura davanti alla quale inchinarci.

La teoria economica convenzionale è parte del modello di sviluppo umano tecnocratico. Si basa sulla logica del desiderio non soddisfatto. Le economie occidentalizzate legittimano la rivalità tra desiderio umano ed avidità, producendo beni in abbondanza per alleggerire temporaneamente lo stato d'ansi in cui ci si trova quando si desidera qualcosa.

Inoltre le società globalizzate, rette dalle leggi della tecnocrazia, hanno creato i loro miti si considera male estremo non avere beni materiali e per questo motivo, si incoraggiano ad ogni livello desideri ed avidità. Altri pericolosi mantra della società sono: "pieno è meglio che vuoto," "molto è meglio di poco" "grande è meglio di piccolo" di conseguenza noi dobbiamo riempire ogni cosa, avere tutto e conoscere tutto.

Abbiamo un modello di sviluppo basato sul sistema economico insoddisfazione-desiderio. Il desiderio può essere manipolato facilmente da fattori esterni. Ciò si nota nella globalizzazione, dove la frammentazione sociale e la produzione di merci e servizi per il consumo pilotato dalla pubblicità, diventano tutte forze esterne che ci dominano ineluttabilmente dall'interno. Non consumiamo più il necessario, ma ciò che ci viene offerto. Abbiamo bisogno di cose che prima non esistevano. Le novità tecnologiche sono piccole paradisi di illusione, aggiornate di continuo ed adottate al nostro mondo fatto a pezzi. Ecco che il consumismo è l'unico modo per lo sviluppo della vita occidentalizzata, imposto dai forti interessi nell'economia locale delle imprese globalizzate.

La massimizzazione del profitto è a svantaggio della vita di molta gente ed anche dell'ambiente. In futuro non ci saranno sufficienti fonti energetiche, perché adesso stiamo consumando molte risorse a bassissimo costo e con il massimo profitto.

Un altro dilemma è l'ingordigia umana smisurata. Secondo San Giovanni della Croce, carmelitano, il cuore dell'uomo tende all'infinito. Perciò, quando su scala globale si da libero corso all'avidità, le risorse umane non sono sufficienti per appagarla. La terra implode. Lo spazio del pianeta è troppo limitato al confronto dell'avidità smisurata.

Indipendentemente dalla smisurata avidità dell'uomo e dall'economia basata su questa, esiste qualcos'altro che influisce negativamente sulla salute della terra. Le nostre azioni quotidiane si compiono in un determinato posto, ma hanno conseguenze globali. Noi ignoriamo ciò. Il problema dei cambiamenti climatici ha a che vedere con quanto detto prima. Il riscaldamento globale è sintomo del momento socio-economico globale che alla fine insostenibile.

La temperatura del pianeta è in crescente aumento perché costantemente vengono emessi in quantità superiori i gas (GHG$_s$ come il CO$_2$ ecc.). Le emissioni di GHG$_s$ sono in aumento soprattutto per il consumo energetico del petrolio, del gas naturale e del carbone. Il 90% del consumo energetico globale è fornito da fonti energetiche non rinnovabili, la maggior parte delle quali comincia ad esaurirsi. Si dice che l'energia fornita dal petrolio sarà disponibile per un periodo compreso tra i prossimi 30/50 anni. Le maggiori richieste di energia provengono dai paesi più industrializzati, dove vive il 25% della popolazione mondiale ed il cui stile di vita è caratterizzato da eccessivo consumismo. Ciò vuol dire che noi consumiamo più del necessario a causa della manipolazione del desiderio umane tramite le novità con cui ci bombardano i mezzi di comunicazione di massa.

Inoltre, come conseguenza degli attuali modelli di sviluppo e di consumo, in molte parti del mondo prevale la disuguaglianza sociale. Il consumismo è uno stile di vita per i ricchi, perché solo alcuni paesi tecnologicamente sviluppati godono di un alto tenore di vita grazie allo sfruttamento delle risorse mondiali. Un quarto della popolazione mondiale consuma l'80% delle risorse della terra.

Cammino verso la guarigione.

La saggezza della tradizione carmelitana ci porta con un percorso spirituale verso l'equilibrio dei nostri umani desideri. Ci aiuta a riconoscere la priorità di Dio nella nostra vita. Le caratteristiche del desiderio umano sono talmente eccezionali che gli psicologi di tutte le generazioni ne restano confusi. Noi abbiamo desideri impellenti, ma spesso non sappiamo con esattezza ciò che vogliamo veramente. Il percorso spirituali di noi esseri umani sta nel prestare attenzione a ciò che ha vero valore. Si può conseguire equilibrio e pace solo quando il potere del desiderio è diretto verso Dio. Giovanni della Croce, Il Carmelitano, descrive l'origine del desiderio umano che non conosce limiti.

Nel cercar sollievo, possiamo essere troppo esigenti, chiedendo alle cose di prendere il posto di Dio. Ecco la tentazione: rendere le cose create (materiali o spirituali come il successo, il piacere, la felicità, il sesso, il potere, la scienza ecc. ed anche le persone) nostri idoli o dei e chiedere loro di soddisfare i nostri desideri.

Comunque non ci può essere persona o cosa che, nella nostra vita, possa sostituirsi a Dio. La ferita divina viene guarita solo dallo spirito di Dio. Giovanni della Croce insegna che il desiderio umano corre sempre il rischio di frammentarsi in molteplici desideri, attaccandosi a persone o a cose da cui cerca di ottenere quanto queste non sono in grado di dare. Il Carmelitano esorta ad indirizzare il nostro desiderio verso Dio, l'unico che può portare armonia e pace. Le nostre dipendenze ed i desideri inconsci non sono ostacoli da superare, ma da affrontare e perfezionare entro il desiderio di Infinito.

La qualcosa non significa che dobbiamo disdegnare le cose, dato che ne abbiamo bisogno, ma disciplinare i nostri desideri. Perciò il cammino spirituale dei Carmelitani riguarda l'essere umano nella sua interiorità, profondamente caotica che ha bisogno di essere svuotata affinché Dio, in cui si realizza ogni essere umano, la completi.

Le Società laiche curano oggi la smisurata avidità umana, nutrendola di consumismo. I disastri naturali, i cambiamenti climatici, l'inquinamento dell'aria e dell'acqua, la disuguaglianza sociale, l'impoverimento di molti poveri ed altri problemi ambientali e sociali, sono la conseguenza di modelli di sviluppo produttivo non sostenibile e di consumo, sostenuti da economie fondate sulla avidità dell'Uomo sempre insoddisfatto e senza Dio.

Commenti ed osservazioni finali

La vocazione dei Carmelitani alla meditazione è un percorso spirituale che porta alla saggezza ed alla riorganizzazione dei nostri desideri umani. Questo porta alla guarigione degli individui e della terra. Gli esseri umani non devono più trovare soddisfazione nell'accumulo dei beni materiali. Allora, noi saremo in grado di liberare la terra da questo desiderio di accumulare sempre di più. Questo non è, certamente, un progetto facile, perché richiede innanzitutto la cognizione che il desiderio umano non può essere appagato dalle cose materiali. Aprendoci all'esperienza del grande Amore di Dio, possiamo indirizzare i nostri desideri verso uno stile di vita più semplice. Sappiamo, anche, la gratificazione immediata non è sempre necessaria o possibile. Occorrono sacrifici per ottenere qualcosa di più grande e migliore.

Per i Carmelitani, il percorso contemplativo di trasformazione per mezzo della preghiera, della Comunità e del Servizio porta alla guarigione dell'individuo, della Società e del pianeta, facendoci capire che:

- Poche sono le cose veramente essenziali per la nostra Vita;
- Poco e spesso sufficiente;
- L'insoddisfazione fa parte della vita;
- Le aspirazioni ed i desideri degli esseri umani sono infiniti, perché essi sono fatti per Dio.

Il genere umano si deve rendere conto che si sta' autodistruggendo, il che, nel passato era circoscritto dal senso del sacro ma che oggi sembra essere sconfinato. Poiché non si ha la consapevolezza della grandezza divina, della realtà, una catastrofe ecologica è inevitabile. E' tempo di meditare di modo che possiamo riscoprire che i desideri umani sono manifestazione dell'intimo desiderio che l'Uomo ha di Dio.

Nelle nostre Comunità dobbiamo renderci conto che le azioni compiute in loco hanno effetti globali. Quindi, urge cambiare i modelli di vita comunitaria che minano la salute del pianeta. Dobbiamo lavorare per sviluppare una nuova economia basata sui bisogni e non tesa a soddisfare il desiderio infinito del più. Cerchiamo di far capire alla gente che è necessario proteggere la qualità della vita in tutto il creato, perché Dio ha rivestito tutti gli esseri umani e tutte le cose di una bellezza speciale che riflette quella del Creatore.

Edoardo Scarel O. Carm.
Buenos Aires, Argentina

◊   ◊   ◊

2

La dignità dell' individuo
-Prospettive dei Carmelitani-

L'ONG Carmelitana all'ONU vuole portare la saggezza della sua tradizione
in tutti i dibattiti del giorno, specialmente, in quelli che riguardano la dignità
della persona umana.

Parte 1
La posizione fondamentale dei Carmelitani

L'ONG Carmelitana ha una tradizione di 800 anni; è fondata da uomini e
donne che credono in Dio, creatore di ogni cosa, e che la persona umana
è il momento più importante della creazione di Dio. Creato ad immagine e
somiglianza di Dio, l'Uomo è destinato a vivere in simbiosi con Dio e con il
resto dell'Umanità. L'Uomo si realizza in questa intima relazione spirituale.
A causa di molteplici interessi conflittuali-interni o esterni all'Uomo- può
accadere che questi trovi degli ostacoli nella sua ricerca di perfezionamento.
Perciò, per contribuire pienamente al Bene Comune, l'Uomo vuole come
minimo, protezione della Società ed il supporto attivo da parte di questa
come manifestazione del diritto. La tradizione carmelitana, cui appartiene
l'ONG Carmelitana, si considera una associazione alla quale la gente
aderisce liberamente per poter vivere una vita cristiana e per poter portare il
vangelo di Gesù Cristo tra genti di molte nazioni e culture sparse in tutto il
Mondo. Si considera anche la scuola di amore e della dignità umana, basata
sulla Fede in Gesù Cristo.

La Chiesa cattolica è viva perché diffonde il Vangelo ed aiuta la gente a basare la propria vita su questo in modo da conseguire felicità. Libertà, soddisfazione in questo mondo e vita eterna poi. E' seguendo la legge del Signore che noi impariamo, tramite la Fede cristiana che la Persona Umana ha più libertà e la capacità di fare le scelte che permettono ad Uomini e Donne di convivere, di lavorare in una società che rispetta tutti i suoi membri.[1]

E' la consapevolezza di Dio che illumina la coscienza umana a rendere validi il diritto, il dovere e la capacità di prendere decisioni che valorizzino l'Uomo tramite la comprensione ed il rispetto della sua dignità.

Abbiamo rispetto della Persona Umana

La cultura cristiana della Persona Umana ha le sue radici nel Vecchio Testamento. La genesi ci racconta la storia dell'origine di tutte le cose: l'Universo, il Mondo, la Vita sulla Terra e l'Uomo, creato tutto dall'Amore di Dio. Il principio su cui si basa la creazione è fuori dallo spazio e dal tempo, fuori da confini umani. La Parola di Dio fu pronunciata con libertà e con amore e così fu creato il mondo. Questa non è la storia di avvenimenti basati sulla scienza, ma è la storia del significato fondamentale valido per tutte le cose create, incluso l'uomo, come viene rivelata per Fede.

La storia della creazione riferisce che l'uomo è creato ad immagine e somiglianza di Dio. Quindi, l'uomo e la donna, hanno pari dignità, la libertà e la possibilità di essere vicini a Dio, come procreatori che nello spazio e nel tempo continuano il lavoro di Dio. Uomini e donne sono creati col desiderio innato di qualcosa che è al di là. E questa ricerca li conduce a Dio ed a capire pienamente la loro umanità tramite un processo di perfezionamento, nel quale essi utilizzano tutte le loro capacità interagendo con altri esseri umani con l'ambiente naturale e spirituale e con Dio.

Inoltre, la cultura cristiana della Persona Umana si arricchisce con la manifestazione storica reale della Parola di Dio, da cui è stata creata ogni cosa, nella persona di Gesù Cristo. Gesù ci ha insegnato che siamo tutti figli di un unico Padre, il genere umano e la famiglia di Dio creatore e perciò noi siamo tutti fratelli e sorelle. Così il genere umano ha origine trascendentale e tutti gli uomini hanno pari dignità; per cui non ha alcun senso la distinzione di sesso, razza, colore, lingua o credo religioso. Ciò accresce il rispetto reciproco che è fondamento della nostra cognizione esatta dei diritti umani. Siamo stupiti della cosa straordinaria che è l'uomo proprio in virtù della sua essenza. Noi ammiriamo e rispettiamo ogni essere umano, prescindendo

1 Cfr Il Concilio Vaticano, Gaudium et spes, n. 41.

dalla loro condizione sociale. Lo richiede il diritto all'uguaglianza. Lo richiede la verità. Da ciò può avvenire la pace.[2]

Con questo stato di animo, la ONG Carmelitana si fa coinvolgere nel lavoro delle ONU a sostegno dei diritti umani. Nelle parole di Papa Benedetto XVI:

> *Le Nazioni Unite sono la sede privilegiata dove la Chiesa è chiamata a dare il suo contributo di esperienza "del genere umano", sviluppata attraverso i secoli tra i popoli di ogni razza e cultura, per metterla a disposizione di tutti i membri della comunità internazionale. Questa esperienza ed attività, indirizzata alla conquista della libertà di ogni credente, cerca, altresì, di salvaguardare i diritti dell'individuo.*

Similmente, come Benedetto XVI, noi crediamo che:

> *Quei diritti si fondano e modellano sulla natura divina della Persona che permette ad uomini e donne di procedere nel cammino di fede e nella ricerca di Dio in questo mondo. Si deve rafforzare l'accettazione di questa grandezza se noi dobbiamo incoraggiare il genere umano a sperare in un modo migliore e se dobbiamo creare per le future generazioni le condizioni per la pace, lo sviluppo, la cooperazione e la garanzia dei diritti.[3]*

Alcuni principi

Il nostro impegno a promuovere la cultura del rispetto per la dignità umana esige, da parte nostra, il rispetto dei diritti umani. Al riguardo ecco alcuni principi:

- I diritti umani sono le condizioni sociali necessarie affinché un individuo possa vivere in pace ed arrivare alla piena maturità tramite lo sviluppo del talento naturale. In altre parole i diritti umani sono necessari all'Uomo per poter vivere una vita pienamente umana.

- Fondamentalmente, diciamo che i diritti umani hanno la loro origine in Dio, che ha creato l'uomo a Sua immagine e somiglianza.

- Quando si negano e trascurano questi diritti, l'individuo viene svalutato a volte fino alla distruzione totale.

- I diritti umani sono universali e non sono soggetti all'arbitrio di singole persone o gruppi, governi o culture.

- I diritti umani sono stati enunciati in modo chiaro nel 1948 dalla

---

2. Cfr: *Purchased people*, Lettera pastorale del 1957 di Donal Lamont, Vescovo di Umtali.
3. Benedetto XVI intervento alla Assemblea generale delle Nazioni Unite Zimbabwe p.9 di 45 2008.

Nazioni Unite nella dichiarazione universale dei diritti umani. Questa dichiarazione è il segno dei passi che il genere umano ha compiuto nel corso dei secoli. Quindi è importante che essa sia sostenuta ed ampliata per arrivare allo stadio successivo, in cui ci sia intendimento comune sul valore della dignità dell'Uomo ed in cui si trovino i modi migliori per proteggere tale dignità e farla prosperare.

• Non si può attribuire lo status di diritto umano a qualcosa che sia in qualche modo la negazione dell'Uomo. Il diritto di un essere umano non può ledere quello di un altro.

La Dichiarazione Universale dei Diritti Umani

Noi accettiamo ciascun articolo della Dichiarazione Universale dei Diritti Umani e consideriamo le dichiarazioni contenute nel preambolo di fondamentale importanza e le precisiamo qui di seguito:

• E' compito dei governi e della società proteggere i diritti umani a norma di legge;

• Il riconoscimento della dignità e degli uguali inalienabili diritti di ciascun membro della famiglia umana è il fondamento della libertà, dell'uguaglianza e della pace nel mondo;

• L'indifferenza verso i diritti umani e la relativa inosservanza hanno portato a comportamenti crudeli tali da offendere la coscienza di tutto il genere umano;

• Il principale desiderio dell'Uomo è l'avvento di un mondo in cui tutti gli uomini godranno della libertà di parola e di espressione, di fede e di culto, della libertà dalla paura e dal bisogno;

• E' essenziale che i diritti umani siano protetti dal principio di legalità se non vogliamo che, come ultima risorsa, la gente si ribelli alla tirannia ed alla oppressione;

• I popoli membri delle Nazioni Unite, nel loro documento costitutivo (the charter) hanno approvato i diritti fondamentali, la dignità dell'individuo e gli uguali diritti di uomini e donne.

Da parte nostra aggiungiamo:

In Gesù Cristo i Cristiani hanno la dimostrazione che la dignità umana procede da Dio, poiché in Lui Dio si è fatto uomo. La natura umana può compenetrarsi in Dio[4] (Cfr Santa Teresa di Gesù) e l'Uomo raggiunge la piena dignità quando vive in comunione spirituale con Dio.

Il grado di amore che noi nutriamo per Dio, si manifesta nel modo in cui trattiamo quelli che ci stanno vicino, cioè ogni essere umano su questa terra.

I Diritti umani sono essenzialmente "i diritti" di Dio sull'individuo, perché ogni essere umano appartiene a Dio. Questi sono anche divini, perché ogni essere umano è stato creato da Dio e li esige, per vivere con la dignità che il creatore ha concesso ad ogni Uomo e ad ogni donna. Noi ci sforziamo di considerare la dignità dell'Uomo così come la considera il creatore.

E' necessario che i programmi scolastici includano lo studio dei diritti umani, della dignità dell'individuo, come essere sociale e spirituale, del ruolo della politica nella costruzione di una società giusta in cui siano riconosciuti e rispettati i diritti umani. Non vivremo secondo la dichiarazione dei diritti universali dell'Uomo a meno che e finché essa è lo spirito che l'ha ispirata non faranno parte del nostro ordinamento scolastico.

Noi crediamo che uomini e donne sono creati ad immagine e somiglianza di Dio; ciò significa che ci domanderemo sempre quanto può compenetrarsi in Dio la persona umana, sulla esigenza di verità, sul bisogno di amore e sulla capacità di amare dell'Uomo e sul principio della legalità nella società.

Riflessioni particolari

a) Uguaglianza e diritti umani, Ecumenici ed Indivisibili

Noi non facciamo distinzione tra gli individui. Tutti hanno diritto a pari dignità, protezione e rispetto, sia uomo sia donna indipendentemente dalla razza o credo religioso, dall'orientamento culturale o sessuale, dal livello di istruzione o stato di salute. Persino quando qualcuno ha infranto la legge oppure ha causato qualche danno grave ad altri, a se stesso o all'ambiente, noi crediamo che egli non perda il diritto di maturare tramite il rispetto dei suoi stessi diritti. I provvedimenti penali non dovrebbero mai essere considerati mezzi per svalutare distruggere un individuo.

Essendo universali, inseparabili ed interdipendenti i diritti umani servono tutto a garantire la salvaguardia della vita umana. E' chiaro che i diretti riconosciuti ed enunciati nella Dichiarazione si applicano nei confronti di tutti grazie alla comune origine dell'uomo che è la più alta manifestazione del progetto divino della Creazione per il mondo e per la storia. I diritti hanno come fondamento la legge maturale insita nel cuore dell'uomo e presente in varie culture e società.[5]

Non vogliamo che cambi il significato della parola "diritti" oppure che

---

4. Santa Teresa di Gesù, *Interior Castle*, 1.1

si neghi l'universalità in nome di punti di vista diversi culturalmente, politicamente, socialmente ed anche diversi per opinioni religiose. I diritti umani hanno carattere universale. Sono validi sempre e per tutti i popoli. Non si possono applicare u n po' alla volta secondo tendenze e scelte selettive.

Il rispetto per i diritti umani è radicato principalmente in una giustizia stabile e di lunga durata. La natura idea di giustizia affonda le sue radici nella giustizia di Dio, che, per noi, è il modo con cui Dio vede, ama ed opera. Questa cognizione esatta fa sì che tra tutti gli elementi del Creato si costruiscano giuste relazioni. Essa ha in sé il concetto di giustizia "ristorativa" per cui non c'è giustizia finché non sarà fatta giustizia reintegrando completamente la vittima; il concetto di giustizia "distributiva" per cui ogni individuo riceverà una parte dei beni terra ed il concetto di giustizia "retributiva" per cui il bene premiato ed il male viene punito in un modo che alla fine porta alla guarigione.

Noi crediamo che ci sono buoni motivi per operare in difesa dei diritti umani, ma siamo spinti dallo spirito contemplativo della nostra vita e dal legame che cerchiamo di avere con Dio, un Dio che è "giusto in tutte le sue vie, santo in tutte le sue opere" (Salmo 145:17). Il profeta Elia, nostro padre spirituale, sapeva che Dio poteva essere amato soltanto da coloro che cercavano, accettando, la sua volontà e null'altro.

b) Sviluppi futuri

Per noi il dibattito sui diritti umani non può limitarsi alla Dichiarazione del 1948, anche se la consideriamo una Carta fondamentale. Si deve iniziare a trattare ampiamente i vari modi con cui la dignità umana deve essere onorata e protetta[6]. Comunque, sostenere che la Dichiarazione può essere migliorata non significa affatto che essa sia cambiata nelle parti non gradite a categorie con interessi particolari. Miglioramento significa aggiornamento quando accadono fatti nuovi.

Grande problema per al società è considerare i diritti umani un favoritismo o privilegio oppure quando i governi credono di farli rispettare secondo il loro arbitrio. Per noi l'uomo sa vedere oltre il presente ed immaginare

---

5. Papa Benedetto XVI, Intervento alle Nazioni Unite, 2008.

6. Nell'Enciclica Centensimus Annus Papa Giovanni P. II ha dato una lista dei diritti che corrono maggiori pericoli a monte. Tra questi: 1) il diritto alla vita; il feto ha il diritto di svilupparsi nel seno materno sin dal concepimento; 2) il diritto a vivere in una famiglia unita ed in un ambiente morale che contribuisca alla crescita ed alla formazione del bambino; 3) il diritto allo sviluppo intellettivo ed alla libertà di cercare e conoscere la verità; 4) il diritto alla condivisione del lavoro che si serve in modo saggio delle risorse materiali della terra per se e per quelli a suo carico; 5) il diritto a formare una famiglia, avere prole ed allevarla tramite l'uso responsabile della sessualità.

mondi non ancora costruiti, atteggiamenti non ancora scoperti, legami non ancora avviati. Quindi la società deve essere magnanima ed adoperarsi con maggiore sollecitudine ed attenzione. La giustizia divina è caratterizzata dalla bontà e dall'attenzione che riversa gratuitamente e copiosamente su di noi.

c) Impegni pratici dell'ONG carmelitana

Poiché dobbiamo passare dalla riflessione all'azione, la nostra ONG si è attribuita i seguenti compiti:

- Promuovere l'insegnamento dei diritti umani nelle missioni di 50 paesi del mondo;

- Sostenere le altre organizzazioni che operano per i diritti umani;

- Approfondire la nostra conoscenza e consapevolezza del rapporto esistente tra i diritti umani negli altri campi di interesse all'interno delle attività delle Nazioni Unite: sviluppo sostenibile istruzione e libertà di credo;

- In seno al nostro impegno, continuare a dare priorità al traffico di esseri umani, poiché è un campo dove i diritti di molti sono chiaramente negati e calpestati.

Parte 2
Nostra preoccupazione principale: il traffico di esseri umani

In tutto il mondo individui senza scrupoli e governi negligenti calpestano molti diritti umani. Ecco perché l'ONG Carmelitani da la priorità al traffico di esseri umani. E' un problema a livello mondiale che rende schiavi molti.

> *"Il traffico di esseri umani è un'offesa riprovevole alla dignità umana ed è una grave violazione dei diritti fondamentali dell'uomo."*
>
> Giovanni Paolo II

All'inizio del 21° secolo il traffico di esseri umani è un problema di gran lunga più grave della schiavitù abolita ufficialmente alla fine del XIX sec. Si considera traffico umano l'adescare persone, il costringerle ad abbandonare la loro casa con la promessa di grandi ricompense, inducendoli, poi, alla prostituzione al traffico di droga o ad altre attività criminali; servendosi di ricatto o facendo loro espiantare organi per venderli a prezzi elevati, il cui ricavato arriva nelle tasche della vittima in piccola quantità. Il termine traffico umano significa reclutare, ospitare, trasportare, fornire o ottenere una persona per lavoro coatto o per avviarlo alla prostituzione usando forza, inganno e coercizione.

L'ultimo rapporto delle Nazioni Unite sul traffico di esseri umani parla di alcuni fatti che ci allarmano:

- Le parole schiavitù e traffico sono diventate sinonimi;

- Molte donne sono coinvolte sia come vittime sia come trafficanti;

- Lo sfruttamento sessuale ed il lavoro coatto sono le forme di traffico umano più comunemente identificate; il primo rappresenta il 79% mentre il secondo il 18%. Al paragone ci sono alcune denunce per il lavoro coatto o vincolato, per la servitù e per il matrimonio forzato;

- L'espianto di organi; lo sfruttamento dei bambini per l'accattonaggio il traffico sessuale e la guerra.

In questi ultimi anni è raddoppiato il numero dei paesi che hanno firmato il protocollo delle Nazioni Unite relativo al traffico umano; mentre il numero dei paesi dove questo crimine non viene punito è insolitamente alto. Le seguenti statistiche indicano quanto sia grave questo problema:

- Secondo alcune stime, circa l'80% di questo traffico riguarda lo sfruttamento sessuale ed il 19% lo sfruttamento di manodopera;

- Oggi in tutto il mondo ci sono dai 20 a 30 milioni di schiavi;

- Secondo il Dipartimento di Stato americano, ogni anno dalle 600.000, agli 800.000 persone sono vittime di questo traffico transnazionale. Più del 70% sono donne e metà bambini;

- L'età media di un adolescente che entra nel giro della prostituzione è compresa tra i 12 ed i 14 anni. Molte vittime sono ragazze fuggite da casa che, da bambine, hanno subito abusi sessuali.

- Il traffico di esseri umani occupa il 3 posto tra i crimini internazionali (dopo il traffico di droghe illegali ed il traffico di armi). Presumibilmente ha un profitto di 32 miliardi di dollari all'anno; di questi 15 miliardi e mezzo nei paesi industrializzati.

- L'Organizzazione Internazionale del Lavoro (ILO) stima che donne ragazze, circa 11.4 milioni, (55%) siano vittime di questo traffico di manodopera forzata contro 9,5 milioni (45%) di uomini[7].

Il rapporto riferisce dettagliatamente quanto sia esteso questo problema e come si stia estendendo. Le statistiche sono importanti ma di solito non

---

7. Initiative Aganst Sexual Trafficking, *End Human Trafficking Now, Rescue Her*, CNN, caseact.org.

dicono nulla delle grandi sofferenze e dell'abbruttimento che le vittime sopportano è evidente che dietro all'industria mondiale del traffico umano c'è una organizzazione potente.

Pensando al destino delle vittime di questo traffico noi riconosciamo che la loro dignità umana è calpestata in molto modi e che di conseguenza, sono loro legati molti diritti. Le sofferenze disumane subite dalle vittime ad opera dei loro aguzzini grida vendetta a gran voce, ma questa noi non la possiamo volere. Quello che possiamo fare è dare supporto alle vittime, richiedere che ci sia una legislazione adatta da applicare nei confronti dei trafficanti, una cultura confacente ed opportunità lavorative per far si che nessuno sia adescato dai trafficanti. Quindi noi ci impegniamo a lavorare per un sistema di giustizia che:

- Identifichi e si prenda cura delle vittime;

- Identifichi e li abiliti i trafficanti;

- Abbia leggi che mettono al bando ogni tipo di traffico;

- Faccia conoscere e dia informazioni nei paesi delle vittime rapite o adescate;

- Adotti criteri speciali tali da evitare che alle vittime siano richiesti documenti regolari prima che questi ricevano aiuto.

Riflessione tratta dalla Bibbia

La storia biblica delle madri ebree, che strappano i figli dalla morte è stata tramandata perché dia impulso spirituale alla difesa degli indifesi contro i poteri forti (Esodo 1:15-22).

Proseguendo con questo racconto, tratto dall'Esodo, ciò che indusse le due levatrici, Sifra e Pua a comportarsi come fecero fu: l'amore per la vita ed il timor di Dio. Il loro amore per la vita era connaturato al loro lavoro. Il timor di Dio (esodo 1:17) è genuino perché erano parte di una nuova manifestazione di Dio che rompeva con l'ideologia dominante della scuola dei Faraoni. Esse seppero che Yahweh (Io sono colui che sono) era il loro Dio. Ciò significava per gli oppressi una presenza gratuita e liberatoria (Esodo 3:11-15). I legami di sangue e la fede erano di gran lunga più forti di qualunque ideologia (Esodo 2:11-12). La Bibbia conclude: *Così Dio fece del bene alle lavoratrici; il popolo si moltiplicò e divenne molto forte. E poiché le levatrici avevano temuto Dio, Egli fece avere loro una famiglia* (Esodo 1:20-21). L'azione delle levatrici portò al moltiplicarsi della popolazione e fece si che le altre donne fossero incoraggiate a resistere nel breve, medio e lungo termine.

La doppia manifestazione di Dio e della vita illuminò il popolo rendendolo capace di vedere la falsità della religione che autorizzava lo sterminio di bambini e dandogli il coraggio di disobbedire agli ordini del Faraone. Come molte persone oggi, quelle due donne non capivano completamente le regole. Tutto quello che avevano era l'amore per la vita ed il timor di Dio (Esodo 1:17). Ecco perché esse ebbero il coraggio di disobbedire al Faraone, mostrando incredibile astuzia e fantasia; si misero d'accordo e non ebbero paura di nascondere la verità al Faraone (Esodo 1:19). Così, come avviene ripetutamente nella storia dell'uomo, è sempre la fede in Dio e l'amore della vita che spinge l'uomo ad intraprendere la lotta e difendere la vita umana dalla sottomissione e dalla distruzione.

Allo stesso modo è la fede in Dio e l'amore per la vita che aiuta uomini e donne di tutto il mondo a denunciare il traffico di esseri umani, a svegliare la coscienza dei popoli ed a incoraggiare ovunque la gente a unirsi in difesa della vita e della dignità umana. Questa è anche l'intenzione della ONG dei carmelitani.

La nostra sollecitudine ed il nostro zelo sono rivolti a coloro che soffrono per le conseguenze di tale traffico, a coloro che sono soggetti a schiavitù ed alle famiglie che si lasciano alle spalle. Noi desideriamo che essi ritornino in patria ed alle loro case, che guariscano le ferite e la salute malferma, che le potenziali vittime abbiano la forza di resistere alle lusinghe dei trafficanti con l'aiuto di famiglie e comunità forti, di un buon lavoro e dell'istruzione. Tutti dobbiamo vigilare ed essere meno indulgenti. A questo proposito è decisivo il lavoro del legislatore e di chi è delegato a far rispettare le leggi. Vorremmo avere anche l'opportunità di parlare al cuore dei trafficanti, clienti e padroni. Devono convertirsi e rendersi conto del male che fanno, accettare di cambiar vita ed accertare la punizione che il loro crimine comporta. Noi crediamo, anzi siamo convinti, che perdono e redenzione e riscatto siano realizzabili.

Impegni

Riguardo ciò noi ci impegniamo a continuare il lavoro che abbiamo iniziato:

- Informare tutti i Carmelitani e gli altri che il reato del traffico di esseri umani è reale;

- Sostenere e stabilire in network con le organizzazione che accolgono le vittime, aiutare le potenziali vittime con l'istruzione, essere sempre vigili per quel che riguarda il traffico di esseri umani;

- Fare pressione sui dirigenti eletti e su coloro che sono deputati a far rispettare la legge affinché facciano buone leggi e le rendano effettive;

• Pregare ardentemente che finisca questa sofferenza;

• Informare i membri della Famiglia Carmelitana e gli altri del traffico di esseri umani.

Miceàl O'Neill, O. Carm.
Collegio Internazionale Sant'Alberto
Roma Italia

◊   ◊   ◊

Riflessioni

1

La spiritualità, il carisma carmelitano, l'opera di giustizia, pace perfezione del Creato

L'ONG dei Carmelitani affiliata alle Nazioni Unite, esiste per promuovere pace e giustizia in tutta la società internazionale di oggi. Si basa sulla convinzione che le Nazioni Unite sono un'organizzazione importante ed attiva per la disamina dei problemi che riguardano gli individui localmente e globalmente, e perché esse forniscono i modi ed i mezzi per migliorare la condizione umana imposti che sono maggiormente a rischio: data l'essenza particolare della tradizione carmelitana, come parte della storia è dell'apostolato della Chiesa, i Carmelitani sono convinti di poter dare un contributo grande ed efficace a qualsiasi dibattito riguardante il benessere ed il destino dell'uomo.

Quando i membri e gli associati dell'ONG affrontano i loro compiti, lo fanno con uno scopo ed una motivazione. Le due parole danno un'idea chiara e distinta della loro visione spirituale. Siamo guidati da ciò che vogliamo raggiungere. Siamo guidati anche da qualcosa che ci porta ad andare nella direzione giusta e ci indica come operare. Ogni essere umano è sensibile ai valori spirituali perché ognuno cerca di raggiungere qualcosa e lo fa in modo personale. Così possiamo dire che un terrorista ha spiritualità come l'ha un monaco in un monastero. Sono le nostre spiritualità che ci rendono diversi.

Il cristiano ha la spiritualità cristiana, perché quello che vuole ottenere è la vita eterna per sempre e nell'aldilà, secondo la promessa fatta da Gesù Cristo. Per poterla ottenere deve seguire il Vangelo sotto la guida dello Spirito Santo. Essa non è qualcosa che chi segue Cristo può conquistare per se stesso, senza preoccuparsi del bene del prossimo. Il fatto che ci preoccupiamo del prossimo indica che abbiamo capito ed accettato l'insegnamento del Vangelo.

Il bene del prossimo è ciò che speriamo di ottenere, grazie all'opera dell'ONG basata sulla realtà di Gesù Cristo e di tutte le cose di cui Egli è stato l'emblema.

La giustizia di cui andiamo in cerca

Da una parte ogni individuo invoca giustizia ma noi sappiamo che ci sono modi diversi di intenderla. E' facile pensare alla giustizia come ricompensa del bene e come castigo del male oppure considerare giustizia quando si dividono equamente tra tutti i beni della terra. Se questi tipi di giustizia fossero una realtà quotidiana, il nostro mondo sarebbe un posto di gran lunga migliore. E' abbastanza? In anni recenti si parla di giustizia in modo diverso.

Dopo quanto ha sofferto il popolo sudafricano, a causa della Apartheid o l'Irlanda del Nord per lo scontro tra due tradizioni, si è ricorsi alla giustizia "ristorativa", credendo che non è sufficiente ricompensare il bene e punire il male e che non è sufficiente dividere i beni tra gli uomini. Infatti non ci sarà giustizia nei luoghi dove la gente è stata mutilata e ferita, finché le ferite non saranno verificate e guarite. Ci sarà giustizia "ristorativa", quando chi commette il reato e chi lo subisce in qualche modo verranno fatti incontrare, così che ciascuno possa sapere cosa e successo all'altro. Questa è l'idea di una giustizia diversa, intesa come costruzione della giusta relazione tra i vari attori del nostro mondo: tra un uomo ed un altro uomo, tra l'uomo e Dio, tra l'uomo ed il Creato, tra l'uomo ed il proprio Io. Una relazione è giusta quando è in grado di dare valore ai suoi protagonisti e li esalta, non quando li sminuisce.

Infine consideriamo la giustizia opera di Dio. L'opera di Dio nei confronti dell'uomo e di tutto il Creato si manifesta in tutte le forme che abbiamo citato, con il valore aggiunto della donazione. La giustizia divina è incommensurabile. E' copiosa, sopra abbondante e stupefacente. È sempre salvifica.

Il meditare sulla giustizia divina porterà l'uomo verso questo tipo di giustizia. Quando ciò accadrà, l'uomo non la misurerà, ma agirà pensando che non ci sono limiti al bene che ci possiamo fare reciprocamente. Non ci devono essere limiti. Chi semina con generosità, raccoglie in abbondanza. Nella società, quanto ci preoccupiamo dei sofferenti, invece di dosare la generosità, che noi crediamo giusta, noi potremmo prima farli curare nel

modo migliore e poi sistemarli in un albergo dove diciamo all'albergatore –
Abbi cura di questo ferito e fa di più, se puoi (Luca 10:35).

La cooperazione carmelitana

I Carmelitani hanno la loro spiritualità individuali che porta il messaggio
cristiano e lo modella conformemente alla storia del Carmelo, una storia
che racchiude e rivela il carisma del Carmelo. La meditazione nella preghiera
nella comunità e nel servizio, secondo l'esempio ricevuto da Elia e da
Maria, rappresenta un modo speciale di vivere il Vangelo e di morire, che
deve essere considerato una tessera del mosaico, cioè dell'insieme della vita
cristiana e della vita della Chiesa.

La bellezza dell'uomo, piena manifestazione di Dio

In nostro atteggiamento nei confronti della gente è di accettarla, essendo
creata ad immagine e somiglianza di Dio, destinata a vivere libera e ricolma
di un grandissimo numero di doni che, quando aumentano, completano la
felicità dell'umanità.

Quando le apparve la Santissima Trinità, Santa Maria Maddalena si accorse
di un movimento di intesa e di amore che lega le tre persone.[1]
La parola, che usa per descriverla è apparizione, che rivela la piena
conformità dell'una verso l'altra. Il padre guarda il figlio, lo guarda
intensamente e gli piace ciò che vede. Lo Spirito Santo appare anche lui e
c'è pace. Il figlio guarda il padre, lo guarda intensamente e gli piace ciò che
vede. Lo Spirito Santo appare anche lui e c'è pace.

Questa interpretazione di apparizione attira la nostra attenzione
nell'immagine dei serpenti nel deserto e del centurione ai piedi della Croce.
Coloro che erano stati morsi guarivano guardando solamente il serpente
messo su un'asta (Numeri 21:9). Il centurione guardò colui che era sulla
Croce è credette (Marco 15:39). Gesù, a sua volta, guardò il ricco e caì
quanto fosse difficile per costui entrare nel regno dei cieli (Marco 10:21).

Guardare fa parte della vita quotidiana. Intorno a noi c'è sempre gente ed
accade sempre qualcosa. Noi siamo invitati a partecipare. Quando siamo
con qualcuno, guardiamo, osserviamo ed amiamo ciò che vediamo e ci
affidiamo a ciò che vediamo. Facciamo questo perché nell'osservare ciò
noi vediamo l'opera del Regno di Dio, l'opera salvifica che dura in eterno.
Questa è l'opera con cui Dio attira a se tutte le cose e Noi ci uniformiamo
alla sua opera ogni qualvolta accettiamo di affidarci a quello che vediamo e
che ci piace. Questo è il dono mistico e l'approccio mistico alla solita vita

1. Santa Maria Maddalena de' Pazzi, *Colloqui 1*, pp. 114-115.

quotidiana.

Il Dio che noi contempliamo… Gesù Cristo, Maria ed Elia. Il nostro carisma, esposto in breve, è il dono dell'obbedienza a Gesù Cristo con la preghiera, la fratellanza ed il servizio, seguendo l'esempio di Maria e di Elia. Dire che la nostra vita è una vita di obbedienza a Gesù Cristo, mette Cristo al centro della nostra attenzione e meditazione. Noi serviamo Lui. Cosa ci chiede come dimostrazione della nostra obbedienza? Tutto quello che dobbiamo fare è accettarlo come si è rivelato nel Vangelo – non un Cristo qualsiasi ma il Cristo povero ed umile, un Cristo sofferente.[2]

Se da una parte è vero che la spiritualità dei Carmelitani medita molto spesso sulla centralità dell'amore e sulla trasformazione della persona umana, noi sappiamo che è anche tramite l'apprezzamento e l'accettazione della Croce che dimostriamo di accettare Gesù senza alcuna riserva. Mentre molti dei nostri Santi ci aiutano a vedere il rapporto tra l'amore e la Croce di Gesù, la testimonianza di Edith Stein arriva al momento giusto a mostrarci come qualcuno in un contesto relativamente recente, ha capito l'importanza della Croce come simbolo di annullamento del proprio io e di sofferenza degli altri.[3] La Croce ci mostra l'importanza di Gesù che ci porta oltre la ricerca della serenità e dell'appagamento che caratterizza molti scritti contemporanei sulla spiritualità cristiana.

La nostra obbedienza a Gesù Cristo ci permette di comprendere che Dio si è rilevato nell'umanità di Gesù, povero, umile ed afflitto. La nostra tradizione ci ha insegnato che l'umiltà altro non è se non amare la verità – la verità di noi stessi e la verità di Dio. Questa è la verità che ci rende liberi. Stiamo facendo un percorso in cui non pretendiamo di conoscere subito tutta la verità né compromettere quella che conosciamo già, cercando di avere una ricompensa immediata ed a breve termine. Oggi si sacrificano troppe verità – sia in seno alla Chiesa sia nello Stato – per l'autoconservazione e per la ricompensa a breve termine. L'amore per la verità – la verità che Dio ci ama e che la nostra felicità più grande è servirLo – è qualcosa che i Carmelitani possono trasmettere alla gente che viaggia insieme a noi.

In questo percorso siamo guidati ed aiutati dai nostri due principali protettori, Maria ed Elia. Nei circoli carmelitani, di recente, desta grande emozione quello che noi raccontiamo e crediamo in queste due figure: Maria, Discepola Sorella e Madre.

---

2. *Lumen Gentium* (41).

3. Gr Edith Stein, *Essential Writings*, Selected by John O'Sullivan, O.C.D., New York: Orbis Books 128-130.

Siamo soliti dire che il nostro carisma è quello della preghiera, comunità e servizio. Ed è così, infatti. Ma ogni vita cristiana è fatta di preghiera, comunità e servizio. Non potrebbe essere altrimenti. Ciò che rende speciale il nostro carisma è che Maria ed Elia sono legati spiritualmente alle nostre vite. Si è scritto molto in anni recenti sul posto che Maria ha sul Carmelo, in particolare ne hanno scritto Emanuele Boaga e Chris O'Donnell.[4] Nei nostri discorsi su Maria ciò che appare chiaramente e che Maria è discepola, sorella e madre.

Come Madre dà la vita e la protegge. Come Sorella indica la via per crescere in Cristo. Come discepola, ha imparato da suo Figlio, prestando attenzione alla sua parola.

Viviamo in un mondo di grande progresso scientifico; la cui parte oscura è il pianeta è l'umanità che corrono gravi pericoli. Ci rendiamo conto che dobbiamo equilibrare la protezione con lo sviluppo – la sicurezza e l'integrità con la crescita. Questo è il mestiere e il compito di Madre. Da una parte la madre alleva i suoi figli e fa conoscere loro nuove esperienze affinché essi possano svilupparsi, dall'altra li protegge da ciò che potrebbe nuocere. La protezione materna di Maria è particolarmente importante nel mondo di oggi. Tutti vogliamo crescere e migliorare eppure ci accorgiamo ogni giorno che il nostro pianeta è minacciato, che i cambiamenti climatici hanno effetti latenti, che sta crescendo il crimine organizzato, che c'è lo sfruttamento sessuale e che sono disponibili e che vengono usate sostanze nocive. Poiché abbiamo bisogno di protezione per noi stessi e per il nostro pianeta, il che lo gridiamo a gran voce, stringiamo allora un nuovo legame con Maria, Nostra Madre nel mondo di oggi.

Maturerà l'uomo a cui viene concesso un'ambiente integro. Questa crescita verso la maturità e il risultato dell'investimento di talenti e doni. E' una grave giustizia reprimere lo sviluppo di doni concessi da Dio. Maria, come sorella, è la realizzazione di ciò che Paolo disse agli Efesini.[5]

E' lui che ha donato alcuni come apostoli, altri come profeti, altri come evangelisti, altri come pastori, per preparare I santi al ministero, per la costruzione del corpo di Cristo, fino a che arriviamo tutti all'unità della fede e della conoscenza del Figlio di Dio, all'uomo perfetto, a quello sviluppo che realizza la pienezza del Cristo; non dobbiamo più essere bambini sballottati e portati qua e là dal vento di dottrine, dagli inganni della gente esperta nel trarre nell'errore. Invece vivendo la verità nell'amore, cresciamo

---

4. E. Boaga, *The Lady of the Place*, Roma: Edizioni Carmelitane, 2000. C. O'Donnell, *A Loving Presence, Mary and Carmel*, Middle Park, Australia: Carmelite Communications, 2000.

5. Eph 4:11-16.

sotto ogni aspetto in colui che è il capo, Cristo, dal quale tutto il corpo, reso compatto ed unito da tutte le articolazioni di cui è provvisto, quando ogni membro funziona bene, cresce edificandosi nell'amore.

Quando consideriamo Maria nostra sorella, ecco che Lei è una di noi, una come noi; una compagna che ha fatto il viaggio prima di noi e che, quindi, è guida ed ausilio per coloro che vengono dopo.

Maria, la discepola, ci libera dal fratello di dover essere perfetti sin dalla nascita. Il discepolo siede ai piedi del maestro e vuole imparare. Maria meditò su tutte queste cose e le custodì gelosamente nel suo cuore. Il discepolo che vuole imparare veramente ci fa capire cosa vuol dire osservare e vedere, ascoltare ed udire, accettare quello che vediamo e sentiamo nella sua esattezza, permettendoci di modellare la nostra vita. Quando ciò che vediamo e ciò che Dio sta rilevando, quando ciò che sentiamo e ciò che Dio sta dicendo, allora noi siamo uniti a Dio e questa unione progredisce a tal punto che c'è più di Dio e meno di noi. Questo "meno – da noi" diventa "più – di noi", perché noi diventiamo "di più" nella nostra unione con Dio.

Elia, Uomo di Dio, Uomo del Popolo

Elia si innalzò tra la gente e ne divenne il difensore. La sua storia ci fa pensare ad un vincolo profondo con Dio e con il nostro prossimo. In lui vediamo il profeta per il suo profondo impegno con Dio e con la gente del mondo del suo tempo.

Per tradizione lo vediamo come lui che si trovò da solo alla presenza del Dio vivente. Ora lo vediamo come colui che si trovò da solo alla presenza del Dio vivente. Ora lo vediamo come colui che conosceva profondamente la sua gente ed il suo mondo. La conoscenza profondamente la sua gente ed il suo mondo. La conoscenza di Dio e del mondo gli diedero la forza di parlare e di resistere per salvare il suo popolo ed indicargli la via per giungere all'unico Dio Salvatore.

Nell'impegno per la giustizia la nostra ONG si ispira ad elia. Ciò è implicato in quanto detto prima su cosa intendiamo per giustizia. Il costruire legami appropriati è opera della giustizia stessa si apprende meditando su Dio. Egli è un Dio la cui giustizia e la giustizia stessa si apprende meditando su Dio. Egli è un Dio la cui giustizia è benevola, gratuita ed immensa. Se accettiamo questo tipo di giustizia, entriamo nel mondo di un Dio caritatevole, che con la creazione e con la redenzione ci ha mostrato come preoccuparci il necessario. La persona che vive secondo questa giustizia confida in Dio e divide ogni cosa affinché nessuno viva nel bisogno. (Atti degli

Apostoli 2:44). La giustizia costruisce giusti legami tra Dio e gli individui, tra gli stessi, tra la gente ed il creato. Questa giustizia ha inizio, quando si rinnegano gli idoli e quando si accetta l'unico Dio che può dare la vita. Baal non dà vita.

I carmelitani gioiscono nel condividere la tradizione di Elia con la religione ebraica e con l'islam. Questo retaggio li stimola a dialogare con gente di altre Tradizioni religiose. Il meditare sulla conoscenza che altri uomini, hanno di Dio permette ai Carmelitani di cercare legami più stretti con tutti coloro che vanno in cerca di Dio.

Il nostro modo di stare tra la gente.

Sin dal tempo in cui gli eremiti si riunirono sul Monte Carmelo ed elaborarono la loro regola di vita, noi viviamo e lavoriamo con gli altri, non per caso ma per scelta, con la convinzione che insieme andiamo verso Dio ed insieme diventiamo esseri umani. La regola per cui i confratelli sono chiamati fuori dalle celle per riunirsi come fossero una cosa sola ne è la prova e potrebbe essere considerata una guida per la vita di comunità.

Nel corso degli anni abbiamo riconosciuto il carattere comunitario della nostra vita, basato sulla saggezza della nostra Regola, con la costruzione di un rapporto forte e leale tra i confratelli ed il capo, con il giusto equilibrio tra solitudine e riunioni, con gli incontri che servono per regolare la vita comunitaria e per correggerne gli eventuali difetti, la regola struttura la crescita ed il vero impegno ad operare secondo il Vangelo.

Così possiamo dire che il modello di vita dei Carmelitani, fondato sulla regola, ci ha resi capaci di vivere in comunità e di costruirla. L'atto costitutivo dei Frati dice:

> Il nostro impegno comune verso un unico modello di vita e la nostra comune partecipazione ai momenti di ascolto, preghiera, celebrazione, comunità ed associazione ci portano a dichiarare, con gioia e riconoscenza, la comune vocazione verso la santità e verso la piena comunione con Dio e con il prossimo. Così la comunità carmelitana, la nostra vita di confraternita, è segno profetico della opportunità di vivere insieme, se si è disposti a pagarne il prezzo. I carmelitani, esperti di comunità, invitano gli altri a condividere la preghiera e la loro vita di comunità, ascoltando con derivazione la parola di Dio, essi si sentono esortati a diventare una presenza

vitale ed apostolica nella comunità cristiana e nel mondo. Dalla condivisione di beni spirituali e materiali nasce la necessità di condividere con tutti i fratelli e con tutte le sorelle ciò che il Signore ci ha liberamente concesso.[6]

La pretesa di essere esperti di "comunità" è ardita. E' qualcosa cui siamo chiamati e per la quale siamo stati preparati con il carisma ed il tirocinio. Questa considerazione essenziale della vita di comunità, che è un tratto delle nostre istituzioni ed opere del mondo, parla di un operare reciproco e con gli altri in un sodalizio efficace ed affettivo. Viviamo come persone che si dedicano le une alle altre, che hanno imparato a vivere in comunità e che operano per il bene degli altri. Viviamo, meditiamo e facciamo progetti insieme.

Oltre al riunirsi e all'isolarsi la Regola indica che il silenzio ed il lavoro allontanano dall'egocentrismo e ci guidano ad operare per il Regno. Il Silenzio, in questo caso, no n è l'assenza delle parole ma il più profondo rispetto per esse, che ci danno salvezza e redenzione. Il Carmelitano esercita il silenzio ascoltando gli altri e scegliendo le parole giuste quando parla. La lettera agli Efesini (4:29): dalla vostra bocca non escano parole scorrette, ma piuttosto parole buone di edificazione, secondo la necessità, per fare del bene a chi ascolta. Il nostro silenzio migliora la qualità della comunicazione che è elemento essenziale per costruire sane relazioni tra gli uomini ed anche comunità forti. In un mondo pieno di parole, il cui significato è ambiguo e oscuro ed in un mondo in cui i ricchi diventano più ricchi della classe operaia, non possiamo ignorare la saggezza della nostra Regola.

Apertura verso gli altri, Operare con gli altri

Affermiamo con forza il principio della nostra obbedienza a Gesù Cristo. Ciò dà impulso, metodo e carattere ai nostri sforzi. L'obbedienza a Gesù Cristo accresce la nostra capacità di ricerca della verità e della giustizia dovunque siano. Ciò significa che, lungi dall'essere una istituzione fondamentalista chiusa, la ONG dei Carmelitani mostra di avere una visione ampia della realtà, giusta e benevola, come quella di Cristo l'opportunità di lavorare con le Nazioni Unite e con le altre ONG di volontari predispone il terreno fertile per gli uomini di buona volontà e per la giustizia affinché questa si espanda e prosperi. Lungi dal vedere gli altri come una minaccia, i Carmelitani amano ogni essere umano come un dono e come una risorsa ed accettano volentieri ogni nuovo accadimento affinché il genere umano possa raggiungere la sua pienezza. In questo stile

---

6. *Ratio Institutionis Vitae Carmelitanae*, RIVC, n. 36.

di vita si riconosce che "La gloria di Dio sta nell'uomo che vive nella sua completezza."

Professionali e interessati agli altri

Nell'approccio al nostro lavoro c'è una virtù che va oltre il professionale. Proprio di recente in un articolo del *Far East* magazine[7] ho letto la storia di una donna che in Cambogia si era presa cura, in circostanze difficili, di una madre incinta. Ella fece tutto il possibile per far nascere il bambino ma invano. Il bambino morì. La donna, un'infermiera professionale, esaminò la sua reazione a quanto era accaduto. In primo luogo pensò di avere sbagliato, come infermiera. Poco dopo, poi, cominciò a pensare che cosa sarebbe potuto succedere alla madre del bambino e così considerò quell'esperienza con occhi diversi.[8]

I Carmelitani devono essere professionali ed essere orgogliosi di saper svolgere la loro opera con professionalità. Ancor di più devono prendersi cura della gente, perché essere professionali può a volte voler dire essere al servizio di se stessi. Essere professionali può essere un simulacro di zelo. Quando leggiamo il Vangelo noi notiamo in modo chiaro come Gesù si commuoveva per ciò che succedeva intorno a lui pensiamo alla vedova di Nain, alla morte di Lazzaro, al giovane ricco ridotto in schiavitù, alla sua agonia nell'Orto degli Ulivi. Egli criticava i farisei, i professionisti per avere imposto pesanti fardelli sul popolo e per non aver fatto nulla in aiuto di questi. Egli pianse per Gerusalemme, che non lo aveva accolto.
Sebbene apparteniamo a strutture che regolano la società di ciascuno dei paesi dove viviamo, non ci limitiamo a fare ciò che il sistema richiede.
Lo arricchiamo con il nostro impegno verso gli esseri umani, seguendo l'insegnamento di Cristo, così da andare incontro al bisogno d'amore, amore di Dio ed amore del prossimo.

Quello che vogliamo è la salvezza di coloro che sono affidati a noi. In Santa Teresa del Bambino Gesù troviamo che il desiderio di salvare le anime vuol dire desiderare che la gente conosca l'amore del Padre, poiché Lei ha conosciuto quell'amore. Il Carmelo è considerato da molti sciola di preghiera. E' anche scuola di amore, che ci fa conoscere l'Amore, cercare l'Amore, amare l'Amore, per offrirlo sa chi sta vicino.[9] In questa scuola d'amore abbiamo imparato a guardare la gente e a dire grazie per questa. E' bene che siano "i buoni, i cattivi e gli abietti."

---

7. Pubblicato dai Missionari di San Patrizio.

8. Takahashi Masaya, *Mother and Child*, in *Far East*, Jan /Feb. 2010, p. 16.

9. St Maria Maddalena de' Pazzi, *Probatiani*, 2, 188-189.

Nella Chiesa

La spiritualità è una motivazione e uno stile di vita che trae origine da questa. Raggruppa virtù e valori che fanno germogliare scuole di spiritualità o di spiritualità dai caratteri inconfondibili. La spiritualità con cui i Carmelitani si impegnano per la pace e la giustizia è quella che cerca la giustizia basata sulla più profonda comprensione della giustizia come dono di Dio, perseguita con l'obbedienza a Dio ed alimentata con la meditazione. Poiché chi cerca la giustizia viene trasformato da Dio, allora la sua comprensione di giustizia diventa quella che viene dai Dio ed è uguale a quella di Dio. Questa richiesta di giustizia, in obbedienza a Gesù Cristo, è caratterizzata dalla ricerca della relazione giusta e dall'attenzione e sollecitudine che prestiamo al grido dei poveri. Coloro che si impegnano in questa ricerca appartengono ad una Chiesa che ha una fortissima missione sociale. Questa missione guida l'opera dei Carmelitani. E' anche un magistero tenuto in grande considerazione sulla scena mondiale. Il lavoro dei Carmelitani è una parte dell'opera della Chiesa, che è, essa stessa, impegnata per la giustizia, la pace e l'integrità del creato.

Conclusione

L'opera di Dio continua in eterno (Gv. 5:17). Si manifesta nell'azione reciproca delle persone con la fede e con il mondo in cui viviamo. Più che un maestro il Carmelitano è una persona che comprende i segni dell'Amore Divino. Infatti noi crediamo che Dio ci ha amati prima di tutto (I Gv. 4: 9-13). Stiamo alla presenza del Dio vivente di cui siamo servitori (I Re 17:1). Il nostro servizio è la ricerca dell'amore di Dio che ci ha di già colpiti con il suo amore.[10] Più comprendiamo i segni dell'Amore Divino, accettandoli, più cresciamo in santità, cioè, nella nostra unione con Dio. I luoghi dove i Carmelitani operano diventano così i posti di meditazione, dove si discerne l'Amore di Dio nell'interagire di persone e luoghi e dove noi maturiamo nella consapevolezza dell'Amore di Dio verso di noi. Persino in questa vita godiamo della presenza divina e gustiamo la dolcezza della gloria divina.

Possiamo conoscere l'Amore di Dio a tal punto da "vedere con gli occhi di Dio ed amare con il cuore di Dio." Riconosciamo cosa ci tiene lontani da lui e cosa si frappone alla nostra unione con lui. Questa comprensione dell'essere umano è molto elevata, ma noi la consideriamo reale e parte della nostra tradizione.

---

10. San Giovanni della Croce, *Living Flame of Love*, 1: O Fiamma vivente d'Amore, che ferisci teneramente la mia anima proprio nel cuore!

11. J. Chalmers, *The God of Our Contemplation*, Roma, Edizioni Carmelitane n. 10-11.

Se abbiamo questa facoltà di comprendere il destino degli esseri umani, non modellerà essa il nostro atteggiamento verso la vita e verso il dialogo su fede e religione? Quindi non cercheremmo di fare la nostra parte assicurandoci che la gente abbia la possibilità di considerare la vita in questo modo? Non potremmo insegnare alla gente a crescere e maturare nel desiderio di Dio e delle Sue cose? Poiché crediamo in Dio, fondamento della nostra religione, non potremmo contribuire, in maniera considerevole al dialogo interreligioso, particolarmente tra Ebraismo, Islam e cristianità? In un modo che diventa sempre più multiculturale e multi-religioso, grazie alla profonda conoscenza dell'Unico Dio e Signore di tutto, il Carmelitano ha l'opportunità di eliminare ciò che è meno necessario per divulgare ciò che è essenziale. Per quanto tempo barcollerete tra due parti – Se il Signore è Dio, servitelo, se lo è Baal, servite lui (I Re 18:21). Noi ci impegniamo a dare il meglio di noi stessi e ad aiutare gli altri a tirar fuori il meglio, tra la moltitudine di gente con cui abbiamo il privilegio e la vocazione di operare.

Miceàl O'Neill, O. Carm.
Collegio Internazionale Sant'Alberto
Roma, Italia

◊   ◊   ◊

2

Il Profeta Maria:
Maria come inspiratrice di giustizia

Per i Carmelitani Maria è un esempio da imitare e, quindi, anche per i Carmelitani che operano per la pace e la giustizia. Il percorso di fede di Maria è luce ed esempio per l'opera dell'ONG carmelitana. Cercherò di spiegarlo in questo articolo.

Nel Vangelo di Luca 1:46-52:

> E Maria disse: "L'anima mia magnifica il Signore;
> il mio spirito esulta in Dio mio salvatore.
> Perché ha considerato l'umiltà della sua serva;
> ecco, d'ora in poi tutte le generazioni mi chiameranno beata.
> Il Potente mi ha fatto grandi cose, santo è il suo nome.
> La sua misericordia di generazione in generazione va a quelli che lo temono.
> Egli ha mostrato la potenza del suo braccio, ha disperso i superbi.
> Ha rovesciato i potenti dai troni
> Ma ha innalzato gli umili.
> Ha colmato di beni gli affamati;
> ha rimandato i ricchi a mani vuote.
> Ha soccorso Israele, suo servo, ricordandosi della sua misericordia,
> come aveva promesso ad Abramo, ai nostri padri ed alla sua misericordia,
> come aveva promesso ad Abramo,
> ai nostri padri ed alla sua discendenza per sempre."

Questo è uno dei passi preferiti da molti operatori di giustizia, perché parla di potenti rovesciati dai troni e di umili che vengono esaltati. Cosa deve dire Maria a chi cerca con solerzia la giustizia ed a chi si preoccupa attivamente dell'integrità del creato?

I Carmelitani e Maria

Come Carmelitani siamo orgogliosi del rapporto spirituale che ci lega a Maria. Ella è la nostra protettrice, nostra Madre e nostra sorella.[1] Secondo la Regola Carmelitana gli eremiti dovevano costruire una cappella tra le celle: "Tra le celle dovrebbe essere costruito un oratorio, facilmente raggiungibile, dove riunirvi ogni mattina per ascoltare la Messa." (Regola 14)[2]. Sappiamo che questa piccola cappella fu dedicata a Maria, la Signora del luogo, come veniva chiamata; questo fu l'inizio formale del lungo e magnifico legame tra i Carmelitani e Nostra Signora. Gli eremiti si riunivano questo oratorio per la celebrazione dell'Eucaristia. Ogni eremita usciva dalla cella dove, in solitudine giorno e notte, aveva meditato sulla legge di Dio ed aveva pregato, a meno che non dovesse occuparsi di qualche altra incombenza. (Regola 10). Sebbene la vita dei Carmelitani, in 800 anni, sia cambiata moltissimo, questo spostarsi dalla solitudine della cella alla cappella, luogo di incontro della comunità, resta una componente essenziale della nostra spiritualità.

Percorso di trasformazione

La vita di un Carmelitano è cammino di trasformazione, sia solitario sia comunitario. Se non cerchiamo Dio e non lottiamo in solitudine con la volontà di Dio, non abbiamo nulla da offrire alla comunità, non solo a quella con cui viviamo, ma anche a quella della famiglia umana. In questo cammino di trasformazione siamo fortificati dal legame personale con Dio verso cui non andiamo come entità singole. Noi siamo membri del popolo di Dio, della Chiesa e, per vocazione, dell'Ordine dei Carmelitani. Siamo resi più forti dalla celebrazione comunitaria dell'Eucaristia, per ritornare poi a cercare Dio in solitudine.

La nostra devozione per la Vergine Maria non deve essere pura emozione. Dobbiamo prendere esempio da lei che "meditava in cuor suo tutte queste cose" (Luca 2:51). Uno dei grandi teologi appartenenti al nostro Ordine, Michele di Sant'Agostino, scriveva che tutti coloro che si professano figli, servi o fratelli di Maria, devono fare un grande sforzo per essere all'altezza della loro vocazione, desiderosi di operare come "la loro santa Protettrice,

---

1. Per una visione globale del ruolo di Maria sul Carmelo, consultare: Emanuele Boaga, O. Carm., *The Lady of the Place: Mary in the History and in the Life of Carmel*, traduzione di J. Chalmers e Miceàl O'Neill. Ed. Carmelitane, Roma, 2001.

2.Per un approfondimento della Regola Carmelitana, consultare: Kees Waaijman, *The Mystical Space of Carmel: A Commentary on the Carmelite Rule*, traduz. Di John Vriend (Peeters – Lovanio 1999). La numerazione della Regola è stata cambiata dopo i due Consigli Generali dei Carmelitani 1999. John Malley, Camilo Maccise, Joseph Chalmers, *In obsequio Jesu Christi: The Letters of the Superior General O Carm and OCD 1992-2002* (ed. OCD, Roma 2003 pp. 127-139.

Madre da amare e Sorella tanto premurosa."[3] Riguardo allo scapolare un altro Carmelitano ha scritto che un animo pio sotto un abito secolare è di gran lunga superiore ad un animo secolare sotto abito pio. Naturalmente sarebbe il massimo un animo pio sotto un abito pio. La nostra vita, affidata alla protezione di Maria, dimostra che noi vogliamo essere trasformati e che vogliamo maturare nella fede.

La trasformazione della persona umana è di solito soggetta ad un processo lungo e difficile. Non può realizzarsi senza la nostra cooperazione. L'eucaristica è il nutrimento per il nostro cammino e ci darà la forza di obbedire alla Grazia Divina, ma noi dobbiamo avere il desiderio di rispondere. Se non intendiamo cambiare, noi volgiamo le spalle alla Grazia di Dio, senza considerare quanto male provochiamo a noi stessi ed agli altri. Perciò quale significato e valore ha per noi la celebrazione eucaristica? E' un rito valido per il resto della giornata?

Nostra Signora ci spinge "a fare quello che vi dirà" (Giovanni 2:5). Sappiamo perfettamente che cosa Gesù chiede ai suoi discepoli. Dobbiamo continuare la sua missione nel mondo. Pare che Gandhi abbia detto che il messaggio di Gesù era molto bello, peccato che nessuno lo avesse messo in pratica. Naturalmente noi cerchiamo di vivere una vita cristiana, ma talvolta trascuriamo Dio ed il genere umano. Come Carmelitani sappiamo con chiarezza cosa richiede la nostra vocazione ma non sempre riusciamo ad obbedire completamente come se fossimo contenti e soddisfatti di vivere con capacità dimezzate. Occorre sempre trasferire la nostra fede nella realtà caotica della vita quotidiana.

L'Eucaristia non ci dà solo Cristo; essa esige che diventiamo Cristo. Proprio come Maria è la "donna Eucaristica" per eccellenza, così, partecipando alla Messa, noi diventiamo persone Eucaristiche. Non è solo qualcosa che facciamo al mattino; è qualcosa che modella la nostra vita e che ci indica come relazionare con gli altri. Grazie alla nostra spiritualità carmelitana siamo consapevoli che Nostra Signora è per noi non solo un modello di apostolato cristiano, ma anche, come Madre e Sorella, nostra guida ed ausiliatrice nel nostro cammino.

Proprio come non terminiamo il nostro impegno eucaristico presenziando alla Messa mattutina, così noi non appaghiamo il nostro rapporto con Maria cantando il Salve Regina oppure Fiore del Carmelo o qualsiasi altro inno sacro. Sia la celebrazione dell'Eucaristia sia il nostro rapporto con Nostra

---

3. Office of Readings per il 16 luglio in *Proper of the Liturgy of the Hours of the Order of the Brothers of the Blessed Virgin Mary of Carmel and the Order of Discalced Carmelites*, Institutum Carmelitanum, Rome, 1993.

Signora sono molto impegnativi. Giorno dopo giorno dobbiamo vivere l'Eucaristia e far sì che Nostra Signora influenzi il nostro stile di vita.

La trasformazione non è solo il cambiamento di uno o due fattori non essenziali; è il cambiamento intimo di ciò che ci motiva nella vita quotidiana. Spesso noi non lo comprendiamo chiaramente, ma ci suggerisce come comportarci e come rispondere per tutta la giornata. E' questa motivazione che, ad un certo punto del nostro percorso, deve essere purificata. Il nostro comportamento esteriore può sembrare onesto oppure essere un tormento per noi stessi e/o per gli altri, ma in realtà non possiamo cambiare di molto, finché non lo elimineremo dalla radice. E' spesso necessario cambiare di molto, finché non lo elimineremo dalla radice. E' spesso necessario cambiare il comportamento esteriore, ma nessun cambiamento durerà finché non sarà cambiata la motivazione che sta alla base. Ciò molto più difficile.

Il cammino di trasformazione è lungo ed arduo ma è opera di Dio. Noi dobbiamo semplicemente corrispondere alla grazia di Dio, che è sempre presente in noi. Come santa Teresa dimostrò con la sua vita e con il suo insegnamento, non dobbiamo soffermarci sui nostri sbagli, ma dobbiamo fidarci in maniera totale dell'Amore Misericordioso di Dio, che ci farà raggiungere il nostro scopo. Con l'Eucaristia ci viene dato gratuitamente l'Amore Misericordioso di Dio. Sta a noi obbedire, come Maria, recitando il nostro FIAT, la nostra accettazione appassionata della presenza e dell'opera di Dio nella nostra vita.

Le parole profetiche di Maria

Con i racconti dell'infanzia di Gesù contenuti nel Vangelo di Luca l'autore non si limita a narrare eventi, ma ne dà il significato. Li descrive seguendo lo stile della Bibbia, cioè la storia delle grandi opere di Dio. Il Messia, come realizzazione delle promesse di Dio ad Israele, predomina nei racconti dell'infanzia di Gesù, tramandati da Luca. Quando Maria viene informata della gravidanza di Elisabetta si reca in fretta verso una regione collinare, in una città della Giudea (Luca 1:39). Se, secondo la tradizione, Elisabetta abitava ad *Ain Karim*, Maria avrebbe impiegato quattro giorni per raggiungerla. Quando Elisabetta vede Maria è ricolma di Spirito Santo ed esclama a gran voce che Maria è "la Madre del mio Signore" (Luca 1:43). Allo stesso modo il popolo di Dio con grida accompagnava il trasporto dell'arca dell'alleanza di Dio (I Cronache 15:28; Secondo Libro delle Cronache 5:13). David esclamò: "Come può l'area del Signore venire da me? (II Samuele 6:19). Il saluto di Elisabetta a Maria conferma che l'Amore di Dio si è compiuto ed il *Magnificat* ne è la risposta gioiosa. Il *Magnificat* è pieno di riferimenti al Vecchio Testamento ed è legato in modo particolare al Cantico di Anna (I Samuele 2:1-10), esultante per la nascita del figlio Samuele: e, lodando il Signore, diceva:

"Il mio cuore esulta nel Signore, la mia fronte si eleva al Signore, ho sconfitto i miei nemici; esulto per la mia vittoria.

Non vi è Santo come il Signore; non c'è roccia come il nostro Dio.

Non parlate più con superbia, né parola arrogante esca dalla vostra bocca. Perché il Signore è un Dio sapiente, un Signore che giudica le azioni.

Le armi dei potenti sono spezzate, mentre i deboli si cingono di forza.

I sazi vanno al lavoro per il pane, mentre gli affamati si riposano. La donna sterile genera sette figli, mentre la madre di molti figli appassisce.

Il Signore dà vita; fa scendere agli inferi e ne fa risalire.

Il Signore rende poveri e rende ricchi, umilia, ma esalta anche. Solleva il misero dalla polvere; innalza il povero dalla cenere, per farlo sedere con i principi e gli assegna un trono di gloria. Benedice il sonno dei giusti. Perché il Signore possiede le fondamenta della terra e su di esse ha poggiato il mondo.

Veglierà sui passi dei suoi devoti, mentre gli empi periranno nelle tenebre. Perché l'uomo non prevale con la forza;

I nemici del Signore saranno sconfitti. L'Altissimo tuonerà dal cielo; il Signore giudicherà i confini della terra. Ora possa egli dar forza al suo re ed innalzare la fronte del suo consacrato."

Qualunque sia l'origine del *Magnificat*, il fatto che Luca lo attribuisce a Maria ci dà la certezza che esso è frutto di ciò che Ella sentiva e provava, Elisabetta aveva accolto Maria come madre del Messia, perché era certa che si sarebbe avverata la promessa fatta a le (Luca 1:45) e Maria glorifica Dio con questo gioioso ringraziamento.

Il *Magnificat* è un inno di ringraziamento che solennizza la storia della salvezza in tre parti. Nella prima (Luca 1:48-50) c'è il dialogo tra il Dio santo e degno di fiducia e l'umile credente Maria. Nella seconda (Luca 1:51-53) c'è la conferma storica dell'azione salvifica di Dio. Ciò che Dio farà in futuro sarà garantito da ciò che Egli ha fatto nel passato. Da questa certezza nasce la speranza di un nuovo mondo in cui i soliti modelli saranno sovvertiti. Tutto ciò si basa sulla fedeltà e veridicità di Dio che non fu deviare dal retto cammino. Nella terra (Luca 1:54-55) si parla del soccorso salvifico di Dio con la nascita imminente della messa. Dio ha mantenuto le promesse fatte ad Israele.

Ogni cristiano partecipa al triplice ruolo di Gesù Cristo: sacerdote, profeta e Re. Il profeta è colui che annuncia il verbo di Dio. Cristo è il verbo di

Dio. Da credenti noi diventiamo parte del verbo e facciamo si che Dio parli tramite noi. Diventiamo il collegamento tra Dio ed il mondo. Maria ricevette il Verbo nel suo seno: "Ecco la serva del Signore, si faccia di me come tu hai detto." (Luca 1:38). Il profeti dell'Antico Testamento erano tutti uomini di grande fede. Basta ricordare il nostro padre Elia con la profezia della siccità (I Re 17:1) e poi con la profezia della cessazione di questa (I Re 18:44). Egli radunò tutti sul monte Carmelo e li sfidò a smettere di "barcollare" tra due parti, o credete in Baal o in Jahve e poi se Jahve e Dio, andategli dietro, se lo è Baal, andate dietro a lui. (I Re 18:21).

Le scelte portano sempre conseguenze. Il mondo in cui oggi viviamo è il risultato delle scelte di pochi, spesso imposte su molti. I Carmelitani di solito non sono inclusi tra i potenti della terra, ma le nostre scelte possono avere e dare esiti significativi se crediamo fermamente che Dio può prendere i nostri doni di poco conto e trasformarli in qualcosa di grande. Se abbiamo fede, tutto il nostro lavoro a favore della giustizia, della pace e dell'integrità del creato può dare abbondanti frutti. Al prospetto di tutto il popolo Elia pregò con fede e Dio accettò il suo sacrificio (I Re 18:36-38).

Maria è donna nel Vangelo di Luca ella è la credente devota. Elisabetta ne riconosce la devozione che l'ha resa benedetta Maria credeva che ciò che il Signore le aveva annunciato si sarebbe compiuto. Nelle prime righe del Magnificat Maria glorifica il Signore ed esulta in Dio suo salvatore. Dio ha considerato la sua umiltà. Perciò tutte le generazioni la chiameranno beata. Per i potenti non sarebbe stata apprezzata, in quanto donna umile, ma l'occhio di Dio è ben diverso da quello dell'uomo. Siamo portati a giudicare le persone dall'apparenza. Dio vede nel cuore e giudica. Maria sa che Dio è onnipotente ed ha fatto grandi cose in lei. Per questo motivo, attraverso la storia, ella continua a raccontarle l'opera di Dio.

Dio è misericordioso con quelli che lo temono. Timor di Dio è un'espressione tipica della bibbia che non ha nulla in comune con la paura, ma è il modo per descrivere il giusto rapporto dell'uomo con Dio, che è il Santo. Dio è distinto dal resto del creato ed è il creatore di tutto. La persona che riconosce la sovranità di Dio cerca di seguire i suoi comandamenti è colui che teme Dio. Egli può sperare nella misericordia di Dio che è eterna. Quello che mi incuriosisce del Magnificat è il Verbo coniugato al tempo passato. Maria esulta per ciò che Dio ha fatto: ha mostrato la potenza del suo braccio, ha disperso i superbi e gli arroganti ha rovesciato i potenti ed innalzato gli umili ha ricolmato di bene gli affamati è mandato i ricchi a mani vuote. E' tutto vero? Dio ha fatto tutto questo? Non succede che i superbi e gli arroganti continuino che per la loro strada credono solo in se stessi? Non succede che i governanti continuino a dettar leggi dai loro troni e che gli umili siano calpestati? Non succede che un affamato sia sempre affamato ed il ricco diventi sempre più ricco, nonostante l'impegno dei tanti che operano per l'uguaglianza?

Il profeta riceve il messaggio da Dio per diffonderlo. Deve essere pronto a riceverlo e coraggioso nel divulgarlo. Un vero profeta divulga la parola di Dio non la sua. Che opera nel campo della giustizia e della pace conosce bene alcune grandi ingiustizie e se ne occupa. Questo è molto lodevole ma dobbiamo sapere chi stiamo cercando di aiutare. Sono i poveri e gli afflitti oppure siamo noi stessi? Nel Vangelo di San Giovanni c'è Maria di Betania che versa un unguento molto costoso sulla testa di Gesù. Giuda protesta per questo sperpero di denaro, che, a suo dire, poteva essere usato a beneficio dei poveri.

Vangelo di Giovanni 12:5-6

"Perché non si è venduto l'unguento per 300 denari e no n si è dato il ricavato ai poveri?" Lo disse però, non perché gli stavano al cuore i poveri, ma perché era un ladro e, avendo la borsa sottraeva ciò che veniva messo dentro."

Non si può comprendere tutto quello che viene detto a favore dei poveri. Dobbiamo preoccuparci che il nostro lavoro ed interessamento a favore dei poveri siano per i poveri.

L'io falso ed ipocrita è sempre pronto rovinare le buone intenzioni ed a farle deviare verso i suoi scopi. L'animo ipocrita cerca la sua tranquillità, sopravvivenza e stima; le cercherà dovunque esse si trovino. Quindi dobbiamo sempre sorvegliare il cuore per assicurarci che la nostra parola ed il nostro operare segnano il volere di Dio e non ciò che ci fa sembrare buoni e ci fa sentire bene. Nella Regola Carmelitana siamo esortati "ad indossare l'armatura di Dio in modo da essere pronti a resistere all'agguato del nemico." (Regola 18). La fede è una delle componenti di questa armatura: "La fede deve essere il vostro scudo in ogni occasione e con esso potrete spegnere e respingere i dardi infuocati del maligno." (Efesini 6:16): senza fede è impossibile compiacere Dio (Ebrei 11:6); la vittoria sta in questa – la vostra fede (cfr. I Giovanni 5:4).

Forza e Debolezza

La fede non è un insieme di convinzioni; è il rapporto personale con Dio in Gesù Cristo, con cui noi "temiamo il Signore" rendendoci conto che Dio è Dio e, solamente tramite la grazia divina, possiamo stabilire tale rapporto. Fede vuol dire accettare Dio nel modo in cui egli sceglie di rilevarsi a noi.

Dio ha amato il mondo così tanto da entrare a far parte di questo per mezzo di Suo figlio, Gesù Cristo. Dio si è abbassato fino a noi per farci

risorgere. Dio si è caricato della nostra debolezza umana per trasformarla.
Ogni essere umano manifesta qualcosa di divino a chi ha occhi per vedere,
orecchi per sentire e cuore puro. In Gesù noi incontriamo l'aiuto di Dio
sotto forma di povero. Dio si è fatto povero per noi e noi siamo diventati
ricchi grazie alla sua povertà. (II Corinzi 8:9). Per essere partecipi della
ricchezza di Cristo si deve essere partecipi del mistero della povertà e della
debolezza, il che viene rilevato con la morte di Gesù sulla Croce. Dio
esprime la sua potenza con l'impotenza. (II Corinzi 12:9-10; I Corinzi 1:25).

Maria era pronta all'opera di trasformazione di Dio, perché era consapevole
della sua nullità. San Paolo si rese conto che, quando era debole, allora era
forte. (II Corinzi 12:10). Si rendeva anche conto che Dio sceglie i deboli per
dimostrare la sua forza:

Piuttosto Dio scelse gli stolti per umiliare i sapienti ed i deboli per umiliare
i forti; Dio scelse gli umili ed i reietti, i disprezzati per umiliare le persone
importanti, cosicché nessun essere umano possa gloriarsi davanti a Dio.
(Corinzi 1:27-29).

Santa Teresa di Lisieux sapeva che la sua nullità attirava lo sguardo di Dio
e, perciò. Era sicura che le sue speranze di andare missionaria ai confini
della terra sarebbero state esaurite, non per quanto avrebbe potuto fare, ma
per la misericordia di Dio. Maria credeva nella potenza divina e che questa
aveva già compiuto quanto promesso in passato. L'orgoglio sarà umiliato.
Chi ha confidato in Dio, scoprirà che la sua fiducia, non è stata malriposta.
Chi ha fame e sete di Dio sarà saziato. Comunque, ella proclama che ciò si è
adempiuto, perché la venuta del Messia, suo figlio, Gesù, è imminente. Tutte
le promesse fatte ad Abramo ai suoi figli sono state confermate in Cristo.

Nella parte restante del Vangelo di Luca Gesù proclama un nuovo
ordinamento del mondo, non basato su una rivoluzione violenta, ma
cambiamento spirituale. Nella sua prima predica nella Sinagoga di Nazareth,
egli espone il suo progetto, traendolo dalla profezia di Isaia:

"Lo Spirito del Signore è sopra di me, perché mi ha consacrato
Per portare ai poveri la buona novella. Mi ha inviato per annunziare
Ai prigionieri la liberazione ed ai ciechi il dono della vista, per
Liberare gli oppressi e per inaugurare l'anno di grazia del Signore." (Luca
4:18-19).

La profezia di Maria, contenuta nel *Magnificat*, incomincia ad avverarsi.
Dovunque Gesù si rechi, guarisce indemoniati e malati. Egli perdona
persino i peccati (Luca 5:20). Questi sono le catene che hanno tenuto in
cattività uomini e donne. Adesso sono spezzate, ma la gente deve accettare

la vita nuova che le viene offerta. L'umanità caduta fa di tutto per uccidere questa nuova vita, ma Gesù risorge da gli inferi a vita eterna e tutti possono goderne.

Condividere la vita eterna di Gesù significa vivere la vita di Dio. Significa vedere come vede Dio, amare come ama Dio. Dio ha umiliato di già gli arroganti, deposto i governanti ed innalzato gli umili. Noi, seguaci di Cristo, dobbiamo adempiere questa promessa e questo progetto. Dobbiamo portare ai poveri la Buona Novella del Regno. Possiamo farlo soltanto grazie alla fede, di cui Maria è emblema. Quella fede ci deve guidare e motivare la nostra condotta, cosicché noi non sentiamo semplicemente la Parola di Dio, ma, fece Maria, la mettiamo in pratica. (Luca 8:21).

Joseph Chalmers, O. Carm.
Aylesford, England.

◊   ◊   ◊

3

La comunità carmelitana e l'opera
a favore della giustizia e della pace

Uno dei valori tipici della tradizione carmelitana, su cui si è spesso discusso, è quello della comunità. Un argomento, che è stato messo in evidenza in questi ultimi anni riguardo il modo in cui è Carmelitani vivono insieme, è stata l'idea della comunità che accetta gente dall'estero, la cosiddetta comunità ad extra. Nonostante i legami tra i membri della comunità siano importanti, lo spirito di apertura a chi non appartiene alla comunità è utile per sviluppare una comunità valida. Naturalmente questa apertura verso la realtà deve cominciare provvedendo prima alle necessità dei membri della propria comunità. L'argomento sulla comunità è emerso di nuovo nel settembre 2007 durante l'ultima Assemblea dei Frati Carmelitani. Nel passaggio dell'Assemblea Generale ai partecipanti è stata ricordata la fedeltà alla vocazione di Comunità di Preghiera ed all'Apostolato. E' sottolineato che la prerogativa della comunità carmelitana, plasmata dalla Parola di Dio, è quella di essere presente nella società.

Comunità e Testimonianza Attiva

Ispirato dalla Congregazione Apostolica degli Ordini Mendicanti, integrato nel carisma originario con l'approvazione di Innocenzo IV nel 1247, l'Ordine dei Carmelitani ha giustamente valutato che ha grande efficacia una maggiore apertura verso gli altri. Il loro vivere insieme è un modello di vita che ricorda l'associazione itinerante di Gesù e degli Apostoli; quest'ultima rappresentò una risposta alle esigenze dell'epoca ed ai sentimenti di inquietudine del mondo, mostrando spirito di solidarietà con le persone più umili di paesi e città. Lo stile di vita, che incarna l'obsequium Jesu Christi all'interno di tale comunità, sarà di esempio al mondo, dove esistono tante forme di schiavitù (sociale, culturale, politica e religiosa), di oppressione e di isolamento. Per di più una vera comunità dovrebbe essere per tutti un esempio di carità e di giustizia – un operare comunitario di condivisione e di solidarietà, segno che Dio sta realizzando il suo progetto nel mondo.

Nelle circostanze attuali, per essere in grado di comunicare agli altri la volontà divina; dovremmo inserirci nella società in cui vive la gente. Le piccole comunità religiose e le "Comunità basica,"[1] nuovi modelli di comunità all'interno della Chiesa Cattolica, sono state considerate positive per l'attuazione di questo progetto. Dobbiamo far notare che, prima del Secondo Concilio Vaticano, gli Ordini Religiosi erano caratterizzati da comunità con grande numero di membri. La loro vita era condizionata dall'idea che non si dovevano avere legami con il mondo (il famoso detto: *fuggire dal mondo*) e dal concetto di perfezione, che aveva un impulso alquanto individualistico. Pertanto i nuovi movimenti summenzionati furono visti come risposta alla crisi che da anni si manifestava nei conventi ed anche nella vita e nell'apostolato della Chiesa. Quali valori hanno queste apportato alla Chiesa?

Una piccola comunità – composta al massimo dai cinque ai dodici membri – cerca di vivere secondo la maniera radicale del Vangelo; in questo nuovo modo, staccata dalle strutture tradizionali, la comunità può contribuire efficacemente alla missione di Cristo a favore della gente. Questo nuovo tipo di struttura da la precedenza alle persone ed alle relazioni interpersonali della comunità. Si basa su una fede profonda che considera la comunione in Cristo il dono più grande e perfetto concesso all'uomo; si fonda anche sul valore di sostegno reciproco nella condivisione di esperienze di fede in nome dell'apostolato. In tale comunità non si sente solo la voce del singolo, ma si ascoltano anche le opinioni degli altri.

Basandosi su rapporti interpersonali e sul sostegno reciproco, questo modello di comunità si trasforma naturalmente in una testimonianza reale della comunione ed offre un punto di riferimento efficace per il mondo attuale, pieno di egotismo, di contrasti nei rapporti umani, di divisioni, di odio razziale e di conflitti tra interessi ideologici e politici. Tale comunità, radicata nell'amore di Cristo, diventa un punto di riferimento apostolico per quest'ultima relazione spirituale in cui il dialogo è sempre possibile ed in

---

1. La Comunità basica è nata nell'America Latina con il nome di "Chiesa popolare," sensibile alle lotte ed agli interessi popolari. In questa comunità l'esperienza di associazione è più importante del conformismo sociale di molti contesti parrocchiali. Vedere: Matthew Fox, *Creation Spirituality – Liberating Gifts for the Peoples of the Earth*, San Francisco, 1991, pag. 130; per ulteriori chiarimenti sulla spiritualità della comunità "basica" consultare Bernard J. Lee, "Community" nel *New Dictionary of Catholic Spirituality*, Michael Downey (Ed.), Collegeville, 1993 (183-192) (189-191).

cui si equilibrano e si confermano le diversità. In verità la polarizzazione di idee, opinioni ed opere sarebbe, nella comunità, un ostacolo verso Dio, in quanto soggetto ed oggetto di amore. Ma, ispirandoci a San Paolo quando spiega l'importanza dei diversi doni e carismi per la costruzione del Corpo Mistico di Dio, noi diciamo che la varietà di doni, di carismi, di ministeri, di operazioni e manifestazione dello Spirito per l'utilità comune (I Corinzi: 12-13). Infatti ciascuno è chiamato da Dio, in unione con Dio, a sviluppare i suoi doni e carismi a favore di tutta la comunità. La crescita nell'amore fraterno è un processo di apertura di se stessi alla dipendenza reciproca, in cui il bene del singolo e la realtà significativa di tutta la comunità si avvicinano responsabilmente uno all'altro e sono oggetto di attenzione continua.

Le piccole comunità – sia religiose sia "basic" – cercano di acquisire i valori dei Carmelitani, specialmente quello dell'amore fraterno, che supera le barriere di razza e di condizione sociale nella collettività e nella Chiesa. Questo modello di vita ha lo scopo di portare avanti il progetto divino, perché gli esseri umani sono stati creati per vivere gli uni accanto agli altri con doveri ed obblighi reciproci. Il progetto divino di salvezza e di liberazione abbraccia tutti i egual misura. Questo tipo di vita offre anche una migliore possibilità di inserimento reale e concreto nella società ed è una testimonianza di amore, più efficace, nelle situazioni attuali.

Comunità ed Attenzione per il prossimo

La preghiera sincera porta ad interessarsi del prossimo e dei problemi della Chiesa, perché la vera unione con Dio, realizzata nella preghiera, rivela Dio come il Dio Salvatore ed accresce il desiderio di essere mediatori della salvezza eterna.[2]

Così, per chi si dedica alla contemplazione Dio è il Dio che crea ed opera nel creato. In questo significato sta l'identità dei due comandamenti di Gesù (Matteo 22-39): "Amerai il Signore Dio tuo con tutto il tuo cuore, con tutta la tua anima, con tutta la tua mente." "Amerai il prossimo tuo come te stesso." Ne consegue che indirizzare la propria vita verso Dio significa indirizzarla verso la gente, la cui vita è parimenti basata in Dio; significa anche essere disposti ad edificare la comunità di tutti. La principale scelta positiva della vita contemplativa, quindi, include necessariamente responsabilità verso la società ed impegno ecclesiale; non è un rapporto individuale o personale con Dio. La vita contemplativa, se autentica, dovrebbe farci desiderare fortemente di capire e condividere la gioia e la

---

2. Falco J. Thuis, *In Wonder at the Mystery of God*, Roma, 1983, pag. 39.

speranza, il dolore e gli affanni degli altri.

Di conseguenza i Carmelitani si preoccupano dei problemi della gente, non per compassione neppure solo per mostrare il loro impegno verso gli altri al di fuori della congregazione ma perché sono spinti dal loro spirito contemplativo a servire il popolo di Dio e a vedere Dio che vive e parla in esso. Lo spirito contemplativo è l'elemento fondamentale che unisce i Carmelitani nella comunità e che li spinge ad occuparsi dei problemi del mondo e della Chiesa.

Il suddetto ieratico spirito contemplativo appare in modo chiaro nella vita del profeta Elia, che visse la presenza di Dio in solitudine ed anche tra la sua gente e diffuse a luce divina sulla realtà umana; fu anche uomo che sentì la voce di Dio, la comprese in situazioni difficili, la fece penetrare in se stesso e la indirizzò alla realtà della gente del suo tempo. Da profeta, basandosi sulla conoscenza di Dio e sulla cognizione dell'alleanza, proiettò la luce della parola divina sulla situazione economica, sociale e politica del suo tempo.

Imitando il profeta Elia, il compito dei Carmelitani è essenzialmente quello di "gettare il seme e lasciare che il frutto germogli secondo la volontà di Dio."[3] Da sempre i Carmelitani si interessano del prossimo. Se ne ha chiara conferma nella lettera di Innocenzo IV *Ex parte dilectorum* (1252). Con questa i Carmelitani si introdussero nella civiltà dell'urbanesimo, in fase di sviluppo nel XIII° secolo, facendosi coinvolgere nei bisogni della Chiesa e della società. Nel corso dei secoli i carmelitani non si sono isolati dalle vicende storiche e dai problemi della Chiesa.

La vocazione carmelitana può essere compresa solo nel riporto con la Chiesa (cfr LG 43), ma la caratteristica del coinvolgimento dei Carmelitani negli interessi della Chiesa deriva dal suo approccio spirituale alla Chiesa ed alla gente in generale, tramite cui Dio parla e dovrebbe essere servito. In questo contesto la vita delle due mistiche carmelitane, Teresa di Gesù e Maria Maddalena de' Pazzi, potrebbe essere considerata testimonianza luminosa. Per Teresa l'amicizia con Cristo porta alla coscienza (*sensus*) della Chiesa ed alla necessità di diffonderla, con la qual cosa si proclama il Regno di Dio.[4] Maria Maddalena afferma molto spesso che Dio ha scelto il suo Ordine per aiutare la Chiesa e che l'Ordine manifesterebbe in questo modo la natura dello stesso amore di Dio.[5] Di conseguenza,

---

3. Kilian Healy, *Prophet of Fire*, Roma, 1990, pag. 100.

4. Cfr. Anastasio del SS. Rosario, "Attualità della spiritualità teresiana," in *Invito alla ricerca di Dio*, Ermanno Ancilli (ed.) Roma, 1970, (419-430) 427.

5. Paola Moschetto-Bruno Secondin, *Maddalena de' Pazzi mistica dell'amore*, Milano 1992, pag. 189.

edificata sull'esperienza di queste due suore, l'attività apostolica, tesa alla costruzione di un mondo meno indifferente, trova la sua fonte nello spirito contemplato, nel rapporto con Dio.

Congregazione di Apostolato a favore della giustizia e della pace

In maniera esplicita l'impegno della Chiesa per la giustizia e per la pace inizia con il Secondo Concilio Vaticano, con il quale essa si apriva alla società ed alla realtà del mondo moderno, avendo come obiettivo prioritario ai poveri.[6] Tutti i documenti pontifici di questo Concilio e di Paolo VI sono un'esortazione evangelica alla promozione di pace ed uguaglianza. L'invito si estendeva ai credenti impegnati a vivere tra la gente con semplicità al servizio della felicità e della giustizia, dando priorità agli umili, ai poveri ed ai sofferenti. (GS1). Questa esortazione era dettata dalla situazione in cui versava la società in un periodo di trasformazioni sociali, di crisi della giustizia. Ciò ha portato gli uomini ad essere schiavi di falsi idoli ed ha ampliato il numero dei reietti di ogni livello. I Carmelitani hanno prestato diligente attenzione alle esortazioni del Secondo Concilio Vaticano riguardo l'impegno nei confronti dei poveri. Hanno scelto di essere solidali con i "piccoli" della storia, portando una parola di speranza e di salvezza a questi poveri con le loro opere piuttosto che con le parole. Si sono anche assunti il compito di lavorare a favore della giustizia e della pace. Comunque, osservando questo fatto di portata straordinaria, ci dobbiamo porre una domanda sul rapporto esistente tra questo impegno ed il carisma carmelitano, o, in parole diverse, perché i Carmelitani sono convinti di essere stati chiamati in modo inequivocabile a svolgere questo compito?

Si è detto prima che la Comunità Carmelitana non consiste solo dei membri della Congregazione, ma è una regola di vita che, grazie alla meditazione, riesce a vedere Dio tra la gente. La volontà della comunità ad accettare il cambiamento favorisce, al suo interno, un sano pluralismo, che rende capaci di partecipare alle gioie ed ai dolori della gente. D'altro canto tale comunità, plasmata dal messaggio evangelico, genera un atteggiamento benevolo nei confronti della gente ed attenta partecipazione alla necessità del mondo. Essa diventa anche un modo vitale di vivere, che alimenta la libertà e lo sviluppo umano.

La comunità, aperta alla gente, non cerca solamente di vedere in essa la presenza divina, ma richiede anche impegno fuori della comunità. Questo impegno è la risposta alle condizioni reali ed alle aspirazioni della gente tra la quale i Carmelitani si ritrovano. Il Dio, incontrato e contemplato

6. Anna Maria Pineda, "Liberation Theology – Practice of the People Hungering for Human Dignity," in *The Way* 38 (1998) 231-239.

nella preghiera, si ritrova nell'incontro con la gente e nella capacità di fare esperienza di Dio, tramite Cristo, al servizio di questa e nei casi di vessazione dei "piccoli". Allora in questo caso la meditazione non è solo la scoperta della presenza divina nel prossimo, ma è anche vocazione ad operare a favore di questo, è anche un impegno alla redenzione. Poiché la contemplazione di Cristo negli afflitti e negli oppressi inevitabilmente induce ad impegnarsi a favore dei poveri.

Pertanto per i Carmelitani questo dono divino che li porta ad operare per i poveri può essere soltanto il frutto della loro meditazione in comunità, che fa conoscere la realtà della società e vedere in essa la presenza divina. Si raccomandò di prediligere l'opera a favore dei poveri, rispettando il carisma, la cui caratteristica principale si sintetizza nella Regola 2 "vivere seguendo le orme di Gesù"[7].Questo testo viene interpretato così: "vivere sulle orme dei poveri e di coloro su cui si rispecchia l'immagine di Cristo"[8]. Così la scelta dei poveri è la conseguenza del privilegio divino loro concesso. E' una scelta non condizionata da meriti o qualità morali, ma semplicemente dal desiderio di ristabilire la loro uguaglianza, cosa a cui i poveri hanno diritto. Ciò significa che Dio ama i poveri più degli altri, ma significa che presta attenzione alla disuguaglianza di cui sono vittime e all'impellente necessità di instaurare la giustizia. La prassi di Gesù, che ama i poveri ed invita i peccatori a convertirsi distaccandosi da se stessi per entrare in intimità con lui, li porta a combattere contro il male e a proclamare la Buona Novella. Ecco che occorre il cambiamento delle strutture sociali ingiuste e l'affrancamento dei poveri, come segno della presenza di Dio nel mondo.

Di conseguenza, la scelta prioritaria a favore dei poveri è necessaria non solo a loro, ma anche agli stessi Carmelitani; è anche una regola per il loro successo nell'evangelizzazione. Il loro messaggio dovrebbe arrivare ai più deboli e a chi soffre maggiormente. Altrimenti si creerebbe ulteriore emarginazione. Fino a quando essi non raggiungono i poveri, il loro messaggio sarà incomprensibile e poco importante per chiunque altro. Così la condizione esistenziale dei poveri costringe chi porta la Buona Novella ad allontanarsi da ogni tipo di dottrina di programmazione intellettuale e di ragionamento, che sono, a volte, insulsi e generici, quasi insignificanti.

Nel contest della povertà del Terzo Mondo, la miseria dei poveri è vista come conseguenza dell'ingiustizia. Quindi i poveri sono gli oppressi e stare al loro fianco significa opporsi all'ingiustizia, proprio come accadeva nella

---

7. Segundo Galilea, Following Jesus, *Maryknoll*, 1981, pag. 60.

8. Congregatio Generalis (1980), called to Account by the Poor, in *Analecta Ordinis Carmelitarum* 35 (1980-1981) 6-53:56.

tradizione Giudaico-Cristiana. In essa la pratica di trovarsi alla presenza di Dio ha lo stesso valore dell'obbligo che abbiamo di lottare contro ogni forma di ingiustizia, anche quella politica.[9]

Comunque, questa sollecitudine è ispirata dall'atteggiamento di Gesù, che nelle Sacre Scritture si manifesta come il Dio preoccupato della condizione e della redenzione degli oppressi, degli emarginati e dei miseri (Luca 4:21). Per lo stesso motivo la ricerca della giustizia è un elemento essenziale per diventare ed essere apostolo di Cristo, che non solo si prende cura dei poveri, ma si identifica persino in questi (Matteo 25:31-46) e si rivolge a tutto il genere umano tramite la loro miseria. Il gran numero di oppressi e di umili è lo scrigno della storia nella sua notevole grandezza, dove Dio compie i suoi miracoli (Luca 1:51-54).

Il profeta Elia ha anche ispirato i Carmelitani ad impegnarsi nella promozione della pace e della giustizia. Hanno la responsabilità di sostenere chi è affamato di pace ed operano affinché essa si realizzi. Come Elia condannò l'abuso di potere (I Re 21) e la decadenza religiosa d'Israele, così anche i Carmelitani, alla luce della parola di Dio, sono chiamati a condannare quanto d'ingiusto c'è nella società con l'evangelizzazione della vita quotidiana e dei valori dei membri della società. Forti dell'esperienza di Elia, i Carmelitani dovrebbero affrontare la disuguaglianza con tre diversi approcci, strettamente collegati: *il percorso di giustizia* (lottando per la trasformazione della società), *il cammino di solidarietà* (Lottando per il rinnovamento della comunità) ed *il cammino della meditazione* (lottando per ristabilire la consapevolezza che Dio è con noi).[10]

L'apertura al mondo della comunità carmelitana è, quindi, non solo fare qualche opera caritatevole a favore dei poveri. Come congregazione di preghiera, i Carmelitani diffondono la parola di Dio sulla liberazione dell'uomo con lo stile di vita semplice e sobrio, con la vicinanza alla gente, con la solidarietà verso i poveri e soprattutto con l'impegno per la giustizia e per il progresso umano. Con questo dono i Carmelitani si dedicano alla trasformazione di una società dove esistono molti tipi di schiavitù, oppressione ed isolamento. Grazie a questo impegno essi contribuiscono notevolmente alla vera liberazione.

Il loro contributo nel promuovere comunità sociali comporta anche

---

9. Consultare. Declaration of the General Chapter nel Capitulum Generale (1983), *The Formation of Carmelite Brotherhood in Obedience and Witness to the Design of God Through the Promotion of Justice and Human Development*, in *Analecta Ordinis Carmelitarum* 36 (1983) 287-288:287.

10. Carlos Mesters, *Camminare alla presenza del Signore nello spirito e nella forza di Elia (Luca 1, 17)*, in *Profeti di fraternità – Per una visione rinnovata della spiritualità carmelitana*, Bruno Secondin (ed.), Bologna 1985, (15-40)29.

l'eliminazione della competitività e di ogni genere di minaccia e paura che si presenta sotto vari aspetti. In questo modo prevedono di poter fondare una società, giusta, pacifica ed in armonia con il loro contesto. Prova che questo impegno sarà attendibile e fattibile sta indubbiamente nella giustizia iniqua, che è presente in una società dove non si salvaguardano i diritti umani. Ne consegue che la vita in comunità dei Carmelitani non ha un valore astratto; è una pratica pastorale, una ricerca incondizionata di tutta la persona, il desiderio di giustizia e di pace, che di certo proviene innanzitutto dall'esperienza di unione tra i membri della comunità. La dedizione dei Carmelitani a favore della giustizia e della pace appare chiaramente nel loro stile di vita, fondato su una comunità di preghiera. Allora essa è il frutto e la testimonianza d'amore in comunione, ma è anche vita che diventa una gratifica conforme al Vangelo e degna di un apostolo.

Perciò la preferenza per i poveri e la preoccupazione per la giustizia e la pace non sono esclusivamente un problema sociologico; si legano strettamente alla vita spirituale. Per il cristiano la spiritualità deve penetrare questa prospettiva, cioè quella di vivere una vita di apostolato e di apertura allo Spirito Santo, che porta ad impegnarsi per la liberazione del genere umano.

Così la conversione del cuore, alla quale partecipa in maniera fondamentale la spiritualità, è una conversione al profeta messianico dei poveri e non dispersa da, ma piuttosto richiede e rafforza il bisogno d'impegno per il cambiamento di strutture ingiuste. Oggi questo sentirsi uguali ai poveri e solidali con loro diventa la radice ed il principio della vera spiritualità cristiana; infatti la spiritualità non può essere disgiunta dalla solidarietà e dalla ricerca di giustizia. Questo è un vero impegno evangelico, radicato nell'opera e nella missione di Gesù.

Il cambiamento veramente sostanziale nel rapporto con i poveri consiste nel modo diverso con cui li guardiamo. Non sono visti più, semplicemente, come oggetti di atti caritatevoli, bensì come maestri di fede o, almeno, come legami ideali per una determinata esperienza spirituale. Per raggiugere ciò occorre libertà interiore, povertà di spirito e distacco che impedisce di costruirsi idoli. Questa libertà rende capaci di imparare, per esperienza di vita, dagli altri, di lasciarci formare specialmente dai poveri. Così si manifesta la completa spiritualità di un perfetto uomo di Dio; una spiritualità che nasce in missione ed anche nei momenti di intimità con Dio. E quello è un segno di libertà interiore. Questa libertà porta ad essere coinvolti in modo valido e genuino nella promozione della giustizia e della pace.

Conclusione

Come si può dedurre dalle ripetute discussioni, in molte occasioni, sull'argomento relativo alla comunità, questa ha avuto un posto centrale nella vita dei Carmelitani. La preghiera, specialmente quella in comune, ha un ruolo importante nella formazione di una vera comunità, ma per la stessa ragione è meglio pregare in una comunità che è matura. Così se ha un rapporto reciproco tra comunità e preghiera. Comunque si deve notare che la preghiera in comunità è necessaria non solo per l'apostolato ad intra, ma è anche sorgente di apostolato secondo l'esempio di Gesù. La ricerca di Dio con la preghiera e l'apertura verso le vere necessità del mondo non si possono tenere separate, perché Dio è presente nella Storia. Dunque una comunità carmelitana è contemplativa ed apostolica; essa porta i suoi membri non solo ad aprirsi al mondo, ma anche a scorgere Dio nella storia, in altre parole, a sapere interpretare i segni dei tempi. La contemplazione porta i Carmelitani alla totale e costante offerta di sé al servizio di Dio, presente nel mondo.

Messi di fronte alla situazione del mondo d'oggi, con il suo diffuso egotismo, con i suoi contrasti nelle relazioni umane, con le divisioni provocate dall'odio tra razze o da ingiustizie ideologiche ed economiche, i Carmelitani per la natura apostolica del loro carisma sono chiamati a dedicarsi alla liberazione degli oppressi. Sviluppando l'*Ossequium Jesu Christi*, massima guida per Carmelitani, come si legge nella *Regola* 2, allo scopo di far conoscere al mondo il Regno di Dio, essi vedono la necessità di continuare la lotta di Gesù, volta alla trasformazione delle ingiuste strutture sociali ed alla liberazione dei poveri.

Dionysius Kosasih, O. Carm.
Indonesia

◊   ◊   ◊

4

Uccisione di Naboth: Elia è presente ad un incontro della ONG Carmelitana

Allora Gezabele scrisse lettere a nome di Acab le sigillò con il sigillo reale e le spedì agli anziani ed ai notabili che abitavano nella città di Naboth.

I Re 21,8

Il ruolo che gli anziani, i notabili ed i concittadini di Naboth giocano nel complotto contro Naboth è apparentemente un dettaglio meno importante nel resoconto della vigna di Naboth, sebbene, dopo attento esame, esso è sconvolgente ed istruttivo. La presenza di quei notabili e cittadini sconvolge le categorie dualistiche che considerano questo episodio un accadimento tra buoni e cattivi oppure tra forze dell'ordine e rapinatori – una storia che mette la gretta vecchia Gezabele contro il profeta Elia e mi permette di rimanere nascosto, mentre Naboth viene lapidato a morte.

Sono attratto da questa interpretazione semplicistica della storia di Naboth, dove Gezabel è una scellerata ed infame, mentre io, il Carmelitano, mi identifico in Elia, fingendo di essere il profeta dell'inizio del Terzo Millennio, mentre mi rivesto di retorica carmelitana che si impadronisce della teologia contemporanea dell'apostolato per descrivere il ruolo dell'Ordine Carmelitano nella società attuale. Infatti la mia vita somiglia molto a quella dei concittadini di Naboth.

La storia di Naboth

Naboth possedeva una vigna attigua al palazzo del re, pressappoco come una proprietà accanto al 10 di Downing Street alla Casa Bianca o al Palazzo del Quirinale a Roma. Forse il re Acab non era contento della posizione strategica di questo vigneto, sebbene né lui né il narratore indichino il motivo per cui il re desiderava avere la vigna di Naboth. Il re voleva trasformare il vigneto in orto – a dire il vero una scusa piuttosto banale, sciocca. Al suo posto, in cambio, il re d'Israele darà a Naboth una vigna mi gliore oppure una somma di denaro corrispondente al valore della proprietà. Non era un cattivo affare, dato che il re, per motivi di sicurezza avrebbe potuto espropriare la terra attigua al suo palazzo. Ma Naboth non vuole vendere. La terra appartiene alla sua famiglia da generazioni ed intende tenerla.

La reazione di Acab non è da re. Senza ulteriori negoziazioni o minacce reali si getta sul suo letto, volgendo la faccia al muro e rifiutando il cibo. La scena è comica: un re stizzito nella sua camera da letto, perché il vicino rifiuta di vedergli la vigna che lui vuole trasformare in orto. Acab è ridicolo. Forse dobbiamo ridere di lui – sebbene la nostra risata sia di breve durata. Entra Gezabel e ordina al re triste di alzarsi e di mangiare, assicurandogli che sarà lei a fargli avere quella vigna. Il re tace; non domanda cosa ella ha intenzione di fare. Acab non le chiede come ha fatto, neanche dopo che lei prenda la proprietà di Naboth. La nuova versione moderna di questa storia esamina il piano di Gezabel, l'assassino di Naboth, il passaggio del vigneto al re Acab ed, infine, l'arrivo tempestivo di Elia. Il ruolo dei notabili e dei concittadini di Naboth viene ignorato. Gezabel avrebbe potuto assoldare un assassino per uccidere Naboth e, poi, espropriare con facilità la vigna per conto della corona. Quindi non ci sarebbe stato bisogno dei notabili e dei cittadini. Invece i testi biblici dicono:

> *Gli uomini della sua città, gli anziani ed i notabili fecero come Gezabel aveva ordinato loro. Secondo quanto era scritto nelle lettere che lei aveva mandato a loro, essi bandirono un digiuno e fecero sedere Naboth alla testa del popolo (1 Re 21:11-12).*

Gli anziani, i notabili ed i concittadini di Naboth.

La regina Gezabel manda una lettera con il sigillo reale agli anziani ed ai notabili nella quale espone il suo piano. Per uccidere Naboth occorre:

- Annunciare il digiuno;
- Far sedere Naboth davanti alla folla;
- Richiedere l'aiuto di due furfanti;
- Presentare false prove;
- Giustiziare Naboth.

Il primo punto del piano di Gezabel è inventare una crisi. Nella Bibbia Ebraica annuncio del digiuno significa il peccato degli uomini ha sconvolto il rapporto della Comunità con Dio. David digiuna come atto di penitenza dopo il suo incontro con Betsabea (sebbene i servi pensino che questo digiuno sia dovuto al figlio, gravemente ammalato che Betsabea ha generato), sperando di poter risparmiare la vita del piccolo (2 Samuele 12,16). Quando il popolo d'Israele venera i Baal e gli Astarte, Samuele proclama il digiuno per dimostrare che gli Israeliti sono pronti a ristabilire il loro rapporto con Dio (1 Samuele 7:6). Così Gezabel dà ordine agli anziani ed ai notabili di indire il digiuno. Naturalmente è un digiuno falso, ma il popolo lo ignora – solo gli anziani e i notabili ne sono al corrente. Perciò i cittadini digiunano, preoccupati che l'alleanza con Dio si è interrotta ed ha bisogno di essere ristabilita. Hanno bisogno di scoprire il colpevole che ha provocato Dio.

Gli anziani ed i notabili sanno che Naboth è una vittima innocente. Durante il falso processo contro di lui, chiunque tra di loro avrebbe potuto dire francamente ed a gran voce: "Dichiaro che Naboth non ha fatto nulla di male. La regina Gezabel ha progettato il suo assassinio." Perché essi collaborarono con la regina? Le spiegazioni possibili sono sconcertanti. Forse volevano mostrarsi gentili con lei; il che poteva essere loro di vantaggio; potevano essere esauditi dal re nelle loro richieste. In futuro, quando avranno bisogno di eliminare qualcuno, potranno contare sull'aiuto della regina e, così, Naboth può essere sacrificato per i loro interessi sociali, politici ed economici. Ciò che pensano viene affievolito dal consenso popolare poiché essi gioiscono per i vantaggi ottenuti facendo ciò che Gezabel desiderava.

Sebbene inconsapevoli delle manovre di Gezabel, i cittadini erano al corrente delle accese mosse a Naboth? Qualcuno aveva gridato: "Non ho mai sentito Naboth maledire Dio o il re? Che cosa succede qua? Perché non dissero una parola, mentre davanti a loro succedeva tutto questo? Avevano paura? Senza essere a conoscenza dell'accaduto, hanno partecipato schiamazzando, mentre l'innocente Naboth veniva trascinato verso la morte, fuori della città.

Il terzo punto del progetto di Gezabel richiede il concorso di due "furfanti." Traducendo dall'Ebraico *ylb ynb, bĕnê-bĕliyya al* (penso che "spregevoli opportunisti" sia l'espressione più adatta) *al* significa furfante. Questo appellativo, in Ebraico, era affibbiato ai peggiori personaggi della Bibbia. Nel Deuteronomio 13 il *bĕnê-bĕliyya al* (il profeta) spinge il popolo a venerare altri dei. Nel Libro dei Giudici 19 un profeta (il *bĕnê-bĕliyya al*) violenta ed uccide la concubina di un viandante. Ai figli perversi di Eli viene dato questo appellativo, perché rubacchiano dalle offerte che i pellegrini devoti portano a Selo per offrirle al Signore. Questi sono i tipi cui si rivolgono gli anziani ed i notabili, spinti da Gezael, per uccidere Naboth. E questi due si prestano. Che cosa è stato promesso il *bĕnê-bĕliyya al* in cambio del loro tradimento?

I due spregevoli opportunisti accusano: "Naboth ha maledetto Dio ed il re." Come reagì l'accusato? Cercò di respingere le accuse? Forse lo fece, ma glia gli anziani ed i notabili aizzarono la folla pericolosa e sconsiderata, facendo si che la voce di Naboth non fosse udita. Dovevano uccidere Naboth. Che cosa pensò Naboth mentre veniva trascinato fuori della città per essere lapidato?" Nessuno parla in mia difesa?" "Nessuno dice che non ho mai maledetto Dio ed il re?" Mentre le pietre lo colpivano, prima di perdere i sensi, si rendeva conto che i concittadini assecondavano questo comportamento oppure fu sopraffatto dal loro odio a tal punto che morì per lo shock e per lo smarrimento?

La crudeltà con cui Naboth viene assassinato risalta nel ruolo dei suoi concittadini. Non è più semplicemente la storia di una regina cattiva e della sua vittima. E' la storia di notabili, di cittadini e di due spregevoli opportunisti, che collaborano per uccidere un innocente per ordine della corona.

Elia partecipa ad un'assemblea dell'ONG carmelitana

La bibbia racconta che Elia incontra il re Acab quando questi arriva nella vigna di cui si era appena impossessato (I Re 21,18). Elia non modera il linguaggio; non è cortese. Accusa Acab di assassinio e pronuncia una condanna a morte contro di lui (I Re 21,19) e contro la sua moglie malvagia (I Re 21,23). He cosa avrebbe detto Elia ai delinquente della città di Naboth, a quegli anziani, a quei notabili, a quei vili opportunisti ed ai cittadini?

Il profeta avrebbe dovuto svelare le falsità che avevano portato al digiuno, rivelando le vere motivazioni – omicidio ed espropriazione. Ai giorni nostri non abbiamo bisogno di andare lontano per scoprire crisi inventate, causa di guerre tra i popoli oppure del genocidio con lo sterminio delle Comunità Ebraiche d'Europa. Le accuse inventate contro gli Ebrei e che hanno portato agli orrori indicibili dell'olocausto sono state delineate con coraggio da Robert Michael nel suo *Holy Hatred: Christianity, Antisemitism and the Holocaust* (New York: Palgrave MacMillian, 2006). La minaccia di Saddam Hussein e delle sue armi di distruzione di massa, inesistente, sono l'esempio recente di una crisi inventata. Ma queste crisi non si limitano a causare guerre peggiori sulla scena mondiale. Il piano di Gezabel è il prototipo di tutte le crisi false, inventate per il vantaggio iniquo ed ingiusto di un individuo o di un gruppo. Una persona inventa, altri cooperano ed altri ancora assistono inerti; Naboth viene schiacciato ripetutamente. Nell'assemblea della ONG carmelitana Elia riconosce ed identifica le falsi crisi del nostro tempo e punta il dito su coloro che ne traggono beneficio.

Oggi il profeta ode la voce di Naboth nelle voci dei popoli indigeni, dei lavoratori in nero, degli agricoltori della sussistenza, dei bambini schiavizzati, delle prostitute, degli operai, del popolo Rom perseguitato nell'Europa occidentale e nelle voci di molti altri – I Naboth del nostro tempo. L'Osservatorio Mondiale delle ONG ha portato all'attenzione del mondo la corruzione di funzionari governativi, nella Repubblica Democratica del Congo; questa permette che la sua ricchezza mineraria sia sfruttata da compagnie multinazionali (consultare: Africa's Stolen Wealth in *The Tablet*, May 12, 2007).

In film *Blood Diamond* (Diamante Insanguinato) ha portato sotto gli occhi di tutti il trattamento crudele cui è sottoposta la gente che lavora per quei diamanti che, poi, le signore indossano. Le Nazioni Unite chiamano questi diamanti "i diamanti dei conflitti" (termine meno efficace del più appropriato "diamanti insanguinati"), poiché essi vengono estratti in aree controllate da forze o fazioni avverse ai governi legittimi, riconosciuti a livello internazionale; essi sono usati per finanziare le azioni militari contro i predetti governi. L'Osservatorio Mondiale ha sfidato De Beers il maggior produttore di diamanti al mondo, per il suo commercio di diamanti insanguinati.

Certamente Elia affronterebbe De Beers come fece re Acab. Ma egli domanderebbe anche ai concittadini di Naboth notizie dei diamanti che portano. E' quell'anello di fidanzamento, pegno d'amore, in realtà testimone di un assassinio? Quel diamante è stato estratto da persone che lavorano in condizioni rischiose e non ricevono adeguata retribuzione? All'Assemblea dell'ONG carmelitana mi indicherà i modi sottili e spesso invisibili con cui io collaboro con chi sfrutta i poveri operai e gode dei benefici di tale sfruttamento. Io, che mi consideravo un fedele discepolo del profeta, mi ritrovo sotto accusa come uno dei collaboratori di Gezebel.

Altri abitanti della città di Naboth chiederebbero perché tacevano mentre Naboth veniva ucciso. Quali vantaggi speravano di ottenere? Alcuni anni fa a Brian Williams, Charlie Gibson e Katic Couric, tre famosi giornalisti americani, fu chiesto se la stampa americana avesse trascurato di fare domande serie sui motivi che avevano causato la guerra contro L'Irak. Brian Williams e Charlie Gibson esitarono prima di rispondere: "Tutti sapevano che Saddam Hussein era una minaccia ed anche l'amministrazione Clinton credeva che avesse armi di distruzioni di massa." Avevano dato le solite vecchie risposte, che abbiamo sentito altre volte. Quando fu la volta di Katie Couric, questa rispose semplicemente con un si. Come giornalista, Katie aveva trascurato di valutare la minaccia pretestuosa di Saddam Hussein. La sua risposta poteva non far salire i suoi indici di ascolto in TV, ma fu una risposta sincera, fondata su attenta riflessione. Le persone che non credono ad una crisi inventata, possono rappresentare una minaccia per chi comanda. I concittadini di Naboth scelsero di non essere una minaccia per il re Acab e per sua moglie e, perciò, Naboth doveva morire.

All'Assemblea ONG dei Carmelitani Elia mi spiega come ho collaborato con Gezabel. Egli mi parla dell'assassinio di Etty Hillesum, un'ebrea che aspirava a diventare scrittrice come Dostoevsky, ma che finì nella camera a gas ad Auschwitz, dove andarono smarriti anche gli ultimi scritti del suo diario (confrontare *An Interrupted life*, London, Persephone, 1999). Mentre era detenuta nel campo di Westerbrook (Olanda), il 2 agosto 1942 arrivò nel campo un gruppo di Ebrei; come scrisse nel suo diario, erano Cattolici, monache e preti che portavano sull'abito la stella gialla; quel giorno vide anche Edith Stein nel gruppo delle suore.

Elia mi chiede della morte di Etty Hillesun e di Edith Stein. So chi ha concepito il piano per assassinarle. Ma quante lettere furono mandate ad anziani e notabili per ottenerne la collaborazione per questi delitti? Quanti cittadini, sebbene non implicati in prima persona, fecero silenzio sì che Etty ed Edith andarono alla morte? Quanti opportunisti furono comprati per fornire accuse false contro gli Ebrei? Chi trasse vantaggio dalle proprietà espropriate agli Ebrei? Nel campo di sterminio di Birkerau (un miglio e mezzo da Auschwitz), in media, 20.000 persone potevano essere gassate e cremate in un giorno (al massimo anche 24.000 al giorno). Ciò richiedeva una programmazione accurata dei treni, delle camere a gas e dei forni crematori, per evitare il sovraffollamento del campo con potenziali vittime, principalmente Ebrei, che aspettavano di essere gassate. Immaginate gli sforzi di chi doveva fare arrivare in orario il treno di Edith Stein; ella doveva essere uccisa secondo il programma stabilito. Elia, egli stesso ebreo, indentifica i collaboratori e i presenti che tacciono, cioè li considera uguali. Ed io avevo intenzione di rimanere nascosto tra i concittadini di Naboth. Michael P. Hornaby-Smith nel suo recente libro *An Introduction to Catholic*

Thought (Cambridge: Cambridge University Press, 2006) riflette a lungo sul ruolo delle ONG Cattoliche nella società:

Il loro (delle ONG) profondo coinvolgimento con gli emarginati, gli esclusi e le esperienze con questi condivise danno loro l'autorità senza pari di sfidare la grande massa di cristiani benestanti grazie al loro apostolato ed alla grandezza della loro fede. Essi non insegnano a dare risposte caritatevoli ai bisogni della gente, ma più profondamente, seguendo la Sacra Scrittura, insegnano la vocazione cristiana di spezzare le catene della schiavitù, causata dall'ingiustizia dei tanti esseri umani, nostri compagni (pag. 240).

L'ONG carmelitana, con il suo leggendario profeta fondatore al suo tavolo, sprona la mia comoda fede cristiana affinché io mi leghi in modo concreto ai miei compagni esseri umani, oppressi dall'ingiustizia. Elia prenderà in considerazione le sofferenze del *Bottom Billion* (ossia del miliardo di gente sofferente per diversi motivi) – termine preso in prestito dal titolo del libro di Paul Collier (Oxford, 2008), che ha suscitato vivo interesse – per scoprire in che modo ho contribuito anch'io alla loro oppressione. Elia potrebbe chiedere: "Quante volte coloro che fanno parte di questo miliardo vanno a farsi visitare da un dottore?". Poi egli si potrebbe rivolgere a me, un Canadese, e chiedermi se sono consapevole dei vantaggi che il Canada, il mio paese, ottiene dalla migrazione di giovani professionisti istruiti che provengono da paesi dove vive il "miliardo di derelitti." Collier definisce questi professionisti la "ricchezza" dei paesi del miliardo; l'Europa il Canada e gli Usa se li accapararono a basso prezzo (i paesi del miliardo di derelitti hanno provveduto alla loro formazione. Elia mi fa volgere l'attenzione a questo Naboth dei tempi moderni che vivono cosicché io possa avere una possibilità maggiore di accedervi. Allora Naboth muore, mentre io, come uno di quegli abitanti che si facevano i fatti loro mentre Naboth era trascinato alla lapidazione, chiedo un appuntamento dal dottore.

La stessa ONG carmelitana non dovrebbe aspettarsi di sfuggire all'occhiata carismaticamente di Elia. Il profeta direbbe che, secondo la Banca Mondiale, c'erano circa 10.000 ONG ad Haiti prima del terremoto del 12 gennaio 2010, che fece oltre 200.000 vittime. Quindi circa 1 ONG ogni 975 abitanti. Che cosa facevano per alleviare le sofferenze di questo popolo, costretto dalla Francia a pagare l'equivalente di 17 miliardi di Euro per essere stati liberati dalla schiavitù (*The Guardian*, August 15,2010)? Proprio inizio del suo libro, Harsby-Smith solleva questioni per le ONG cattoliche:

In pratica la maggior parte delle ONG cristiane, per quanto riguarda la giustizia nazionale ed internazionale, lavorano in collaborazione con altre

Chiese ed istituzioni secolari. Tutte combattono per cambiare le politiche economiche e sociali delle zone cui sono specificamente interessate. In questo modo si rallenta lo sviluppo di una comprensione più globale degli organismi ingiusti e corretti che fanno parte della comunità cristiana, con la conseguenza che l'imperativo di cercare il Regno di Dio "in terra e in cielo" non è più la caratteristica principale dell'impegno dei Cristiani e della Chiesa (pag. 3).

Seduto al tavolo della ONG carmelitana, Elia farà domande inquietanti: l'imperativo di "cercare il Regno di Dio" è fondamentale per noi carmelitani? Il nostro obiettivo di convincere gli altri a rendersi conto che collaborano con l'ingiustizia non ci fa vedere che ci sono strutture ingiuste e corrotte anche nelle comunità e nelle ONG cattoliche? (Confrontare: Lisa Jordan e Peter van Tuijl (ed) *NGO Accountability Politics, Principles and Innovations,* London: Earthscan, 2006).

Dando il benvenuto ad Elia

Verso la fine dei riti pasquali ebraici, la porta della casa ebraica si aprì per invitare Elia a sedersi a tavola, al posto riservato a lui. I presenti lo accolgono, cantando:

Eliyahu ha-Navi, Eliyahu ha-Tishbi, Eliyahu, Eliyahu, Eliyahu ha-Giladi. Bimhayrah v'yamenu, yavo aleynu, im Mashiach ben David, im Mashiach ben David.

Elia, il profeta, Elia di Tisbe, Elia, Elia, elia di Galaad;
Velocemente ed ora vieni da noi, con il Messia, figlio di David,
con il Messia, figlio di David.

Allo stesso modo la ONG carmelitana apre la porta al profeta – fondatore e lo invita al tavolo "Ritorna da noi, Elia, ritorna nella nostra epoca." Questo invito è rischioso. Elia sa che l'assassinio di Naboth non fu perpetrato da una sola persona – una regina meschina e vecchia – egli ci farà uscire dall'ombra per accusarci dei modi con cui, nel nostro tempo, abbiamo partecipato all'assassinio di Naboth. Le parole di Elia devono aver provocato un terribile shock tra i concittadini di Naboth. Oggi le sue parole possono avere lo stesso impatto su di noi.

Craig. E. Morrison, O. Carm.
Pontifical Biblical Institute
Rome

◊   ◊   ◊

Comitato Coordinatore dell'ONG Carmelitana

Jane Remson, O. Carm.
Delegato Principale

John Chalmers, O. Carm.
Consiglio Generale Carmelitano

Miceàl O'Neill, O. Carm.
Gruppo di meditazione sulla spiritualità

Jennifer John Wanjiku, TOC
Kenya, Area Africana

Hariawan Adji, O. Carm.
Indonesia, Area Asiatica

Annah Theresa Nyadombo, HOLMC
Zimbadwe, Area Africana

Helen Aricaya Ojario, O. Carm.
USA, Area Nord – America

Eduardo Scarel, O. Carm.
Argentina, Area Sud – America

Arie Kuil, O. Carm.
Olanda, Area Unione Europea

Andrea Ventimiglia, TOC.
Italia, Area Unione Europea

William J. Harry, O. Carm.
USA, Comunicazioni

Commissioni

Cambiamento Climatico nel Nord America
Blaise Fernando, O. Carm.

Gruppo di meditazione sulla spiritualità

Miceàl O'Neill, O. Carm.
Barbara Breand O. Carm.
Camille Anne Campbell, O. Carm.
Craig Morrison, O. Carm.
Dionysius Kosasik, O. Carm.
Christopher O'Donnell, O. Carm.
Joseph Chalmers, O. Carm.
Eduardo Scarel, O. Carm.

◊   ◊   ◊

Centri dell'ONG Carmelitana

Ufficio Principale:

1725 General Taylor Street
New Orleans, LA 70115 USA
Tel.: (+01) 504.458.3029
Fax.: (+01) 504.864.7438

Ufficio di New York:

211 East 43rd Street – Suite 708
New York, NY 10017 USA
Tel.: (+01) 646.416.4690
Fax.: (+01) 212.682.8013

◊   ◊   ◊

Sito dell'ONG Carmelitana

carmelitengo.org

◊   ◊   ◊

Alcuni siti utili dei carmelitani
(in inglese)

Per ulteriori informazioni sui Carmelitani, sulla nostra spiritualità e sui nostri ministeri nel mondo, cliccate:

carmelites.net
sistersofmountcarmel.org
ocarm.org
carmelities.info
ocarm-ocd.org

Per l'elenco delle province carmelitane nel mondo, cliccate:
carmelites.info/provinces

Per l'elenco dei conventi delle monache carmelitane:
carmelites.info/nuns

Per l'elenco degli eremi carmelitani:
carmelites.info/hermits

Per l'elenco di siti sui Carmelitani laici:
carmelites.info/lay carmel

Per l'elenco delle Congregazioni affiliate e degli Istituti:
carmelites.info/congregations

Per l'acquisto di libri sui Carmelitani o scritti da Carmelitani
carmelites.info/publications

◊   ◊   ◊

www.ingramcontent.com/pod-product-compliance
Lightning Source LLC
Chambersburg PA
CBHW030935090426
42737CB00007B/443